AF276376

COLEX

eBook gratuito en COLEX Online

⊛ Acceda a la página web de la editorial **www.colex.es**

⊛ Identifíquese con su usuario y contraseña (en caso de no disponer de una cuenta regístrese).

⊛ Acceda en el menú de usuario a la pestaña "Mis códigos" e introduzca el siguiente.

RASCAR PARA VISUALIZAR EL CÓDIGO

⊛ Una vez se valide el código, aparecerá una ventana de confirmación y su eBook estará disponible en la pestaña "Mis libros" en el menú de usuario.

¡Gracias por confiar en Colex!

La obra que acaba de adquirir incluye de forma gratuita la versión electrónica.
Acceda a nuestra página web para aprovechar todas las funcionalidades de las que dispone en nuestro lector.

Funcionalidades eBook

**Acceso desde
cualquier dispositivo**

**Idéntica visualización
a la edición de papel**

Navegación intuitiva

Tamaño del texto adaptable

Puede descargar la APP "Editorial Colex" para acceder a sus libros y a todos los códigos básicos actualizados.

Síguenos en: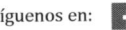

LA INSTITUCIÓN ADOPTIVA

Experiencia histórica y particularidades de su regulación originaria en España, Reino Unido y Estados Unidos

LA INSTITUCIÓN ADOPTIVA

Experiencia histórica y particularidades
de su regulación originaria en España,
Reino Unido y Estados Unidos

Leopoldo Cadaya Vidal

COLEX 2024

© Leopoldo Cadaya Vidal

© Editorial Colex, S.L.
Calle Costa Rica, número 5, 3.º B (local comercial)
A Coruña, C.P. 15004
info@colex.es
www.colex.es

I.S.B.N.: 978-84-1194-469-4
Depósito legal: C 685-2024

Para mi hijo José.

A poem is not useful but it really inspires.

If you can talk with crowds and keep your virtue,
Or walk with Kings—nor lose the common touch,
If neither foes nor loving friends can hurt you,
If all men count with you, but none too much;
If you can fill the unforgiving minute
With sixty seconds' worth of distance run, yours is the Earth
and everything that's in it, And—which is more—you'll be a
Man, my son!

If— *By Rudyard Kipling*

SUMARIO

ABREVIATURAS

I. Fuentes

C., C.I.	Codex Iustinianus, Corpus iuris civilis, vol. II, ed. Paul Kruger (Berlin, 1954).
COLL.	Collatio legum Mosaicarum et Romanarum (FIRA. II 541 ss.).
CTh.	Codex Theodosianus, ed. Th. Mommsen-Paul M. Meyer, 2.ª ed., (Berlin, 1954)
FIRA.	Fontes iuris Romani anteiustuniani 2.ª ed., I (Legres,ed. S. Riccobono, Florencia, 1941). II (Auctores, ed. I, Baviera et I. Furlani, 1940), III (Negotia ed. V Arangio-Ruiz, 1943).
GAI.	Gai institutionum comm. IV. ed. Martin David (Leiden, 1948).
GEL.	Aulus Gellius, Noctes Atticae, II cols. (Londres, 1946).
INST.	Institutionum, Corpus Iuris civilis, vol. I ed. Paul Kruger, 16. ed., (Berlin 1954).
MGH.	Monumenta Germania Historica.
NOV.	Novellae, Corpus iuris civilis, vol.III, ed.R. Schoell-G Kroll, 6.ª ed. (Berlin, 1954).
P.	Papiro.
PMH.	Portugaliae Monumenta Historica.
PL.	Patrologia Latina, ed. I.P. Migne (1844-1864).
TÁCITO	Annales, ed. C.D. Fischer (Oxford, 1963).
ULP.	Tituli ex corpote Ulpiani (FIRAII 259 ss.).

II. Revistas y colecciones de escritos

A. Bari.	Annali della Focaltá di Giurisprudenza della Universitá diBari.
A. Cam.	Annali della Universitá di Camerino. Sezione giuridica.
A. Cat.	Annali del Seminario giuridico della Universitá di Catania.
ADC.	Anuario de Derecho civil (Madrid).
AG.	Archivio giuridico «Filippo Serafini» (Bolonia, Pisa, desde 1921 Módena).
ADHE.	Anuario de Historia del Derecho español (Madrid).
AHDO-RIDA.	Archives d'Histoire du Droit Oriental-Revue Internationale des Droits de l'Antiquité (Bruselas).
A. Mac.	Annali della Universitá di Macerata.
A. Mess.	Annali dell'Istituto di Scienze Giuridiche, Economiche, olitiche e Sociale della Universitá di Mesina.
A. Nap.	Atti della Accademia di Scienza Morali e Polotiche di Napoli.
Ann. Ist.	Annales de la Facuté di Droit d'Istambul.
A. Pal.	Annali del Seminario Giuridico della Universitá di Palermo.
A. Per	Annali della Facoltá di Giurisprudenza della Universitá di Perugia.
A. Tor.	Atti della Accademia della Scienza di Torino.
A. Tri.	Annali Triestini, a cura della Universitá di Trieste.
AUM.	Anales de la Universidad de Murcia.
A. Ver.	Atti del Congresso Internazionale di Diritto Romano e di Storia del Diritto, Verona, 1948, 4 vols. (Milán, 1953).
Athenaeum.	Studi Periodici di Letteratura e Storia dell'antichitá (Pavía).
BFDC.	Boletín da Facultade de Direito (Coimbra).
BIDR.	Bolletino dell'Istituto di Diritto Romano (Milán).
BIR.	Bolletino Informativo dell'Istituto Giuridico Spagnolo in Roma.
DG.	Diritto e Giurisprudenza (Nápoles).

ED.	Enciclopedia del Diritto (Milán).
GI.	Giurisprudenza italiana.
GZ.	Zeitschrift für das Privat-und offentliche Recht der Gegenwart (Viena).
IVRA.	IVRA, Rivista di Scienze Giuridiche (Milán).
LABEO.	LABEO, Ressegna di Diritto Romano (Nápoles).
LQR.	Law Quartely Review (Londres).
Mél.	Cornil. Mélanges de droit romain dédiés a George Cornil, 2 vols. (París, 1926)
Mél. Girard.	Mélanges Paul Frederic Girard, 2 vols. (Paris, 1912).
Mél. Visscher.	Mélanges Fernand de Visscher-Rida 2-5 (1949/50).
Mél. Lévy-Bruhl.	Droits de l'antiquité et sociologie juridique, Mélanges Henri Lévy-Bruhl (publ. Inst. de Droit Romain de l'Univ. De París XVII, 1959).
Mem.Bol.	Memories della Accademia di Scienze e Lettere dell'Istituto di Bologna, Classe di Scienze Morali.
Mem. Ist. Ven.	Memorie del (Reale) Istituto Veneto di Scienze; Lettere ed Arti.
Mem. Koschaker.	L'Europa e il Diritto Romano, Studi in memoria di Paolo Koschaker, 2 vols. (Milan, 1954).
Mem. Mod.	Memorie della Accademia di Scienze e Lettere di Modena.
Mem.Tor.	Memorie dell'Istituto Giuridico della Universitá di Torino.
NDI.	Nuovo Digesto italiano.
NNDI.	Novíssimo Digesto Italiano.
NEJ.	Nueva Enciclopedia Juridica española (Barcelona).
P.	Pretor. Revista Técnica de Justicia Municipal (Madrid).
Pubbl. Mod.	Publicazioni della Facoltá di Giurisprudenza della Universitá di Modena.
PW.	Paulys Realenyklopädie der Klassischen Altertumswissenschaft, G. Wissowa, W. Kroll, K. Mittelhans, K. Ziegler (Stuttgart).
RAL.	Accademia Nazionale dei Lencei, Rendiconti della classe di Scienze Morali Storiche e Filologiche (Roma).
RDC.	Rivista di Diritto Civile (Padua).

RH.	Revue Historique de Droit Francais et Étranger (París).
RIDA.	Revue Internationale des droits de l'Antiquité (Bruselas).
RIL.	Rendiconti dell'Istituto Lombardo di Scienze e Lettere (Milán).
RISG.	Rivista Italiana per la Scienze Giuridiche (Milán).
RTDC.	Rivista Trimestrale di Diritto e Procedura Civile (Milan).
Scr.	Scritti (Giuridici).
Scr. Ferrini Mil.	Scritti in Onore di Contardo Ferrini Pubblicati in occassione della sua beatificazione, 4 vols. (Pubbl. Univ. Cattolica S. Cuore, Milán, 1947-49).
Scr. Ferrini Pav.	Scritti di Diritto romano in onore di Contardo Ferrini pubblicati della R. Universitá di Pavía (Milán).
SDHI.	Studia et Documenta Historiae et Iuris (Roma). St. Studi. St. Albertario. Studi in Memoria di Emilio Albertario, 2 vols. (Milán, 1953).
St. Albertoni.	Studi in memoria di Aldo Albertoni I (Padua, 1943), ii (1937), III (1938).
St. Arangio-Ruiz.	Studi in Onore de Vicenzo Arangio-Ruiz, 4 vols. (Napoles, 1953).
St. Besta.	Studi di Storia e Diritto in on Onore di Enrico Besta, 4 vols. (Milan, 1939).
St. Bonfante.	Studi in Onore di Pietro Bonfante, 4 vols. (Milán, 1930).
St. De Francisci.	Studi in Onore di Pietro di Fracisci, 4 vols. (Milán 1956).
St. Fadda.	Studi Giuridici in Onore di Carlo Fadda, 6 vols. (Nápoles, 1905).
St. Perozzi.	Studi in Onore di Silvio Perozzi (Palermo, 1925).
St. Ratti.	Studi in Memoria di Umberto Ratti (Milán, 1934).
St. Riccobono	Studi in onore di Salvatore Riccobono, 4 vols. (Palermo, 1936).
St. Scialoja.	Studi di diritto romano, di diritto Moderno e di Storia del Diritto pubblicati in Onore di Vittorio Scaloja, 2 vols. (Milán, 1905).
St. Solazzi	Studi in Onore di Siro Solazzi (Nápoles, 1984).
St. Volterra.	Studi in Onore de Edoardo Volterra, 4 vols. (Milán, 1971).

Symb.Lennel.	Symbolae Friburgensis in Onorem Ottonis Lenel (Leipzig, 1935).
Symb. Taubenschlag	Symbolae Raphaeli Taubenschlag dedicatae, in Eos Commentarii Societatis Philologae Polonorum vol. 48 (1956), 1-3.
TS.	Tijdschrift voor Rechtsegeschiedenis Revue d'Historie de Droit. (Harlem, desde 1950 Gronianga, Yakarta, Bruselas, La Haya).

III. Autores

Albertario I-VI	Emilio Albertatio, Studi di Diritto Romano I (Milán, 1933), II (1941), III (1936), IV (1946), V (1937), VI (1953).
Arangio- Ruiz, Ist.	Vincenzo Arangio-Ruiz, Istituzioni di Diritto Romano, 11.ª ed. (Nápoles, 1952).
Arias Ramos.	J. José Arias Ramos, Derecho romano, 9.ª ed. Corregida por J.A. Arias Bonet, 2 vols. (Madrid, 1963).
Beseler, I-V	Gerard von Beseler, Beitrage zür Kritik der Römischen Rechtsquellen I (Túbinga, 1910), II (1911), III (1913), IV (1920), V (Leipzig, 1931).
Betti, Dir. Rom.	Emilio Betti, Diritto Romano, Milán 1956.
Biondi I-III	Biondo Biondi, II Diritto Romano Cristiano I (Milán, 1952), II (1952), III (1954).
Biondi, DR.	Biondo Biondi II Diritto Romano, Bolonia, 1957 (vol. XX de la Storia di Roma, Publicata por el Istituto di Studi Romani).
Biondi Ist.	Biondo Biondi, Istituzioni di Diritto Romano 3.ª ed. (Milán, 1956).
Bonfante I II III VI	Pietro Bonfante, Corso di Diritto Romano, I, Diritto di Famiglia, Roma, 1925; II, La proprietá, Roma, 1926-28; III Diritti reali, 1923; VI, La successioni, (Cita di Castello, 1930).
Bonfante Scr.	Pietro Bonfante, Scritti Giuridici I (Turín, 1916), II (1918), III (1921), IV (Roma, 1926).
Bruns.	Fontes iuris Romani Atiquiti, I leges et negotia, ed. C.G.

Bruns,	septimum edidit Otto Gradenwitz (Tubinga, 1909).
Buckland.	Buckland, Roman Law from Augustus to Justinian 3.ª ed. Revisada por Stein (Cambridge, 1963).
Castelli, Scr.	Guglielmo Castelli, Scritti giuridici (Milán, 1923).
Costa	E. Costa Storia del Diritto Romano Privato dalle Origini ale Compilazioni Giustinianea (Turín, 1925).
Cuyacio, Obs.	Cuyacio, Opera Omnia, III Observaciones et emendationes (Venecia, 1758).
D´Ors, DPR	Alvaro D'Ors, Derecho Privado (Pamplona, 1968).
Ferrini	Contardo Ferrini, Manuale di Pandette, 4.ª ed. Revisada por Grosso (Milán, 1953).
Girard Girard Manuel	Elémentaire de Droit Romain, 3.ª ed. Revisada por Senn, (Parías, 1929).
Guarino Guarino,	Diritto Privado Romano, 4.ª ed. (Nápoles, 1870).
Iglesias	Juan Iglesias, Instituciones de Derecho Privado Romano, 6.ª ed. (Barcelona, 1967).
Jörs-Kunkel	P.Jörs-W Kunkel, Derecho Privado Romano trad. de L. Prieto Castro (Barcelona, 1937).
Karlowa Otto Karlowa,	Romische Rechtsgeschichte, I (Leip-zig, 1885), II (1901).
Kubler,	RRG. Bernhard Kubler, Geschichte des Römischen Rechts (Leipzing-erlangen, 1925).
Longo	Carlo Longo Diritto Romano, III, Diritto di Famiglia, (Roma 1940), (2.ª ed., 1953).
Maynz I-II C.	Maynz, Curso de Derecho Romano precedido de una introducción que contiene la historia de la legislación y de las instituciones políticas de Roma, tred. de A.J. Pou y Ordinas, 3 vols. (Barcelona, 1887-1888)
Mitteis. Ludwig Mitteis,	Römisches Privatrecht bis auf die Zeit Diokletians I (Leipzig, 1908).
Mitteis Grdz.	Ludwig Mitteis, Grundzüge und Chrestomathie der Papyruskunde por L. Mitteis y U. Wilcken, II (Juristischer, Teill) 1 (Grundzüge) por I. Mitteis (Leipzig, 1912).

Mitteis, R.R.	Ludwig Mitteis, Reichtsrecht und Volksrecht in den Ostilichen Provinzen des Römischen Kaissenreiche, (Leipzig, 1981)
Mommsen, STR.	Theodor Mommsen, Römische Staatsrecht, I, II (Leipzig, 1887). III (1888); (reimpresión Tubinga, 1952).
Mommsen, DPR.	Theodor Mommsen, Compendio de Derecho Público Romano, trad de P. Dorado (Madrid, s.f.).
Müller-Lyer.	La familia, trad. por Ramón de la Serna (Madrid, 1930). Nallino IV Carlo Alfonso Nallino, Raccolta di Scritti Editi e Inediti IV (Roma, 1942)
Perozzi, Scr.	Silvio Perozzi, Scritti Giuridici, 3 vols. (Milán, 1948). Riccobono, I Salvatore Riccobono, Scritti di Diritto Romano I (Palermo, 1957).
Schulz, CRL.	Fritz Schulz, Clasical Roman Law (Oxford, 1951).
Schulz, DRC.	Fritz Schulz, Derecho romano clásico, trad de José Santa Cruz Teijeiro, (Barcelona, 1960).
Siber. Heinrich Siber,	Römisches Recht in Grändzugen für dieVorlessung, II: Römisches Privatrecht (Berlin, 1938).
Solazzi, I-II	Siro Solazzi, Scritti di Diritto Romano, I (1955), II (1957).
Taubenschlag	Raphael Taubenschlag, The Law of Greco-Roman Egypt in the Light of the Papyry, 2.ª ed. (Varsovia, 1955).
Voci. P.	Voci, Instituzioni di Diritto Romano, 3.ª ed. (Milán, 1954).
Volterra	Edoardo Volterra, Diritto di Famiglia (Bolonia, 1946).
Volterra, Ist.	Edoardo Volterra, Istituzioni di Diritto Privato Romano (Roma, 1961).
Volterra, ED	Edoardo Volterra, Famiglia (Diritto Romano) ED, 6, pp. 722 y ss.

JUSTIFICACIÓN DEL OBJETO DE ESTUDIO

Esta figura de larga tradición religiosa en la antigua Roma y legislativa, solía basarse en dos premisas justificativas: las de perpetuar la familia entendida como un todo incluyendo con ello no sólo a las personas, sino al conjunto de bienes que implicaba la continuidad del grupo/núcleo familiar y, por otra parte, la continuidad del aspecto más religioso del culto doméstico. Fue también utilizada con finalidades políticas en la Roma Imperial:

> «el Principado no llegó a constituir fácilmente un régimen de gobierno hereditario y la fórmula por la que se trató de superar la dificultad fue la de la adopción imperial: en principio, el Senado elegiría en su propio seno al mejor, y éste sería entonces adoptado como hijo por el Príncipe y asociado ya en vida a su propio imperio. La fórmula había sido instaurada por el mismo Augusto al hacerse proclamar hijo adoptivo de Julio Cesar. Se trataba de, pues, de una forma civil para un acto esencialmente político. Otra finalidad sería la de corregir la desvinculación familiar de los descendientes por vía femenina, así como la legitimación de los hijos extramatrimoniales, sin que faltasen finalidades espurias»[1].

Los autores del código civil francés lo consideraron una institución filantrópica destinada a ser consuelo de los matrimonios estériles y una abundante fuente de socorro para los niños pobres, considerándola una ficción jurídica. Otros, por

---

1   SÁNCHEZ-RUBIO GARCÍA, A. *Derechos sucesorios de los hijos adoptivos en el Código Civil* (problemas de derecho transitorio), Barcelona, 1994, pp. 19.

su parte, resaltan que se trata de una figura jurídica destinada a legitimar proles adúlteras.

A favor del mantenimiento de la adopción concluyen tres factores fundamentales: el político derivado del derecho histórico; el sentimental, que es acogido por los códigos modernos, y el factor benéfico, presente en las más recientes innovaciones legislativas[2].

La adopción ha sido, sobre todo en los últimos años, un fenómeno de creciente interés para la sociedad en general incrementándose progresivamente durante las últimas décadas, solamente frenada por razones meramente económicas, no pudiendo esto ser considerado un fracaso de la institución sino una baja colateral de la asfixiante situación económica que sufrimos en el pasado. No pudiendo ser extrapolable a la propia institución, ni a la sociedad que simplemente pondera económicamente ese hecho.

Según el parecer de diversos civilistas españoles las causas y móviles del actual incremento de adopciones: pueden obedecer al móvil de la protección de la infancia desvalida, pero también a la satisfacción de deseos del adoptante, principalmente buscar compañía, evitar la desaparición de un nombre, eludir la constitución de la tutela, etc. Incluso los nobles impulsos que, como se ve, pueden dar paso a la propia conveniencia, pueden también degradarse progresivamente: evitar o reducir el impuesto sucesorio, suceder en un arrendamiento rústico, dejar pensión de clases pasivas o prestaciones de la Seguridad Social, burlar los derechos de guarda acordada en pleito de nulidad o separación matrimonial, evitar los efectos de la condición de *sine liberi decesserit*, ya proceda de la voluntad (institución testamentaria), ya proceda de la ley (reservas, cuarta trebeliánica), etc.[3].

La legislación adoptiva actual ha sufrido multitud de cambios a lo largo de su historia más reciente, en los últimos años, su regulación en el Código civil y en la Ley Orgánica 1/1996, de 15 de enero, de Protección Jurídica del Menor de

---

2   Piñar López, B. *La adopción y sus problemas jurídicos*, (Madrid, 1954), pp. 5 y ss

3   Lacruz Berdejo J.L., Sancho Rebullida, F.de A, Luna Serrano, A.; Delgado Echevarría, J., Rivero Hernández, F.; Rams Albesa, J., *Elementos de Derecho Civil IV. Familia*. Cuarta edición revisada por Joaquín Rams Albesa, (Madrid 2010), pp. 367 y 368

modificación parcial del código Civil y de la Ley de Enjuiciamiento Civil, en adelante Ley Orgánica de Protección Jurídica del Menor constituye, junto a las previsiones del código Civil en esta materia, el principal marco regulador de los derechos de los menores de edad, garantizándoles una protección uniforme en todo el territorio del Estado. Esta ley ha sido el referente de la legislación que las Comunidades Autónomas han ido aprobando posteriormente, de acuerdo con sus competencias en esta materia. Destacar la Ley 26/2015, de 28 de julio, de modificación del sistema de protección a la infancia y a la adolescencia y desarrollada por el Real Decreto 165/2019, de 22 de marzo, por el que se aprueba el Reglamento de Adopción internacional, a su vez, modificado tras el conflicto de competencia planteado por el Gobierno de Cataluña, vuelve a ser modificado por el Real Decreto 573/2023, de 4 de julio, por el que se aprueba el Reglamento de Adopción internacional[4].

---

4   En este sentido, el 22 de marzo de 2021 se publicó en el «Boletín Oficial del Estado» la Sentencia del Tribunal Constitucional, STC 36/2021, de 18 de febrero, sobre la citada cuestión, pronunciándose al respecto, y estimando parcialmente el conflicto positivo de competencias. En consecuencia, se declaran inconstitucionales determinados artículos de la norma. Extracto del preámbulo de la última modificación gubernamental en materia de adopción.

INTRODUCCIÓN

La institución adoptiva, su evolución como una figura completamente diferente a lo que hoy conocemos y con unas finalidades políticas y económicas que se manifiestan en las adopciones que realizan los Césares, en la *transitio ad plebem*, mediante la que aspirantes a tribunos de la plebe de origen patricio se hacen adoptar por plebeyos, para poder convertirse en tribunos de la plebe.

Cómo son utilizadas por césares para, mediante la adopción de generales, tener el favor de las tropas o, en cómo estas figuras se muestran con unas características inimaginables para los conceptos que podemos tener hoy de paternidad o de familia en épocas en las que vender o matar a un hijo era legítimo. Todos estos aspectos se nos antojan, cuanto menos apasionantes, sobre todo, habida cuenta de una larguísima evolución a lo largo del devenir histórico romano, desde la ley decenviral hasta las compilaciones justinianeas, donde se sientan las bases de su concepción actual no adquiriría derecho sucesorio alguno, pues el hijo permanecía en la familia de su padre natural[5].

La institución adoptiva no fue admitida en el Derecho Germánico antiguo[6]. Posteriormente fue reconocida y ampliamente practicada, sirviendo en el ordenamiento germánico para suplir la falta de testamento, ya que el Derecho hereditario solo reconocía la sucesión legítima[7], con lo cual la adopción venía a ser un medio de poder suplir la ésta y otorgar los bienes a alguien ajeno a la familia. Otero Varela

---

5   Sánchez-Rubio García, A. *Derechos sucesorios*, (Barcelona, 1994), cit., pp. 659 y ss

6   *Vid.*, a este respecto, Planitz, H., *Principios de Derecho Romano Germánico*, (Barcelona 1957). p 25

7   Castan Tobeñas J. *Derecho Civil español Común y Foral*. (Tomo 5.º Derecho de Familia volumen 2.º Relaciones paternofiliales y tutelares). Ed. Reus, Madrid, 1995, Pag 371

afirma que ni siquiera está presente en el Derecho visigodo, apareciendo simplemente en el *Brevario de Alarico*[8], no siendo garantía suficiente de su aplicación efectiva y práctica la mera presencia en el código alaricano.

Se fue manteniendo con mayor o menor arraigo según las zonas siendo menos practicado en la zona de Francia donde casi se ve abocado a la desaparición[9].

En nuestro derecho histórico apenas tuvo importancia, regulándose principalmente en el derecho aragonés, y sin regulación en Navarra y los Fueros municipales castellanos[10].

Algunos civilistas manifiestan que la institución de la adopción padece de un enorme desequilibrio entre los menores en posición de ser adoptados y la demanda de niños adoptables, lo que provoca la que el origen de los adoptados sean países en vías de desarrollo, ocasionando, en ocasiones problemas de derecho internacional. Por su parte CASTÁN resalta el hecho de que pocas materias hay que muestren que nuestro continente posee unas similares, preocupaciones y necesidades sociales, lo que conformaría un *ius comunne europeum*.

---

8   OTERO VARELA A., *La adopción en la historia del Derecho Español*, en el vol. II Estudios histórico-jurídicos, (Roma-Madrid), 1995, p. 145

9   CASTAN TOBEÑAS J. *Derecho Civil español Común y Foral*. pp 360 y ss.

10   *Ibídem*. pp 372 y ss.

1.

TÉRMINOS Y FIGURAS RELACIONADAS

El término adoptar etimológicamente: proviene de la adición de dos vocablos *ad* y *optare* que significan a y desear[11]. Lo que indica que es algo volitivo y propio del deseo o voluntad de una persona y no algo impuesto por un tercero.

Adopción en iconografía: representada por una matrona abrazando a un adolescente que tiene a su lado a un osífrago, en algunas esculturas romanas aparece representada por dos figuras vestidas de toga[12].

Adopción en teología: la adopción por Dios puede entenderse de un hombre individual y de todo un pueblo según San Pablo[13].

Adopción desde la perspectiva de la zoología: adoptar o criar cachorros de otras hembras, La adopción imita a la naturaleza: «*Adoptio est aemula naturae*, o bien, *seu naturae imago*[14]».

Afinidad: afinidad es un tipo de parentesco que se produce por un vínculo legal a través del matrimonio, entre aquellas personas que, sin tener lazos de consanguineidad entre sí, a su vez sí lo tienen con alguno de los esposos. Por ejemplo: los padres del esposo con los padres de la esposa adquie-

---

11 LEWIS-SHORT, A. *Latin Dictionary*, s.v. adoptare.
12 *Enciclopedia Universal Ilustrada Europeo-americana*, José Espasa e hijos editores, Tomo II, (1934), pp 985 y ss
13 *Ibídem*.
14 *Ibídem*.

ren afinidad debido a matrimonio. Si el parentesco natural se extiende hasta el cuarto grado de consanguinidad, sucede de forma análoga en el parentesco por afinidad. Aunque sin poder determinarse «grados», debido que la «afinidad no engendra afinidad»[15].

La consanguinidad es la relación de sangre entre dos personas: los parientes consanguíneos son aquellos que comparten sangre por tener algún pariente común; los parientes no consanguíneos son aquellos que no presentan un vínculo de sangre, pero que son parientes por un vínculo legal (matrimonio o adopción). A esta otra relación de parentesco se le denomina afinidad. Como luego desarrollaremos, se equipararán éstos y los afines a la relación de adopción, de forma que no existe diferencia entre un pariente de sangre y uno adoptado. De esta forma, el hijo adoptivo tiene los mismos derechos que el hijo natural, e, incluso, un nieto adoptivo tiene los mismos derechos que uno natural. La *cognatio* tiene su origen cuando el imperio romano pasa a ser preponderante en oriente, geográfica y fácticamente pierde la patria potestad el originario sentido de pertenencia agnaticio pasándose a al parentesco por la sangre o cognaticio.

Agnaticio: *agnati*, serían las personas que permanecen bajo la patria potestad de un *pater* independientemente del tipo de relación de que proceda, ya sea por afinidad o consanguinidad. Posteriormente a la división del imperio se le dio más importancia al parentesco cognaticio o por sangre lo que hoy sería el parentesco consanguíneo.

1.1. Especial referencia al término familia

La antropología ha estudiado esta figura y muchos antropólogos e historiadores la han erigido como la base o cimiento de multitud de civilizaciones en la que se suelen juntar varias familias para formar tribus, clanes, pueblos, estados[16].

---

15   *Vid*: DAZA MARTÍNEZ, J. RODRÍGUEZ ENNES, L. *Instituciones de Derecho Privado Romano* (Valencia 2009)

16   WESTERMACK, R., *Historia del matrimonio en la especie humana*, (Madrid, 1900); ARANGIO RUIZ, V. *La genti e la cittá*, (Mesina, 1914); WESTRUP, C.W. *The house community. Community of cult*, (Copenhague-Londres, 1944); VOLTERRA, A., «Ancora sul problema della famiglia romana», *RISG*, VI. (1952-1953).

Diversas teorías, al respecto del origen patriarcal o matriarcal, se han contrapuesto a lo largo de la historia y; si bien hay que reconocer que los historiadores clásicos reflejan un modo de ser familiar en el que el patriarcado es claro; BACHOFEN[17] apunta que en las primeras agrupaciones humanas lo predominante es la familia matriarcal siendo el patriarcado un estadio posterior[18].

La evolución de la estructura familiar siguiendo a L. H. MORGAN sería la de una sociedad no estructurada y polígama, pasando por la primera forma de sociedad que sería la familia consanguínea de origen matriarcal, posteriormente, el patriarcado polígamo hasta llegar a la familia monógama actual[19].

Etimológicamente el término familia designaba el espacio físico de residencia o la casa en la Roma arcaica[20]. No existen evidencias que demuestren la existencia de una regulación jurídica que se ocupase de la familia en particular como en la actualidad, regulando sus deberes y obligaciones o, los casos en los que éstos cesan. En tal sentido no ha existido normas relativas al derecho de familia en la antigüedad, así las cosas, se observan documentos en los que está presente la forma de entrar y salir de la familia y algún aspecto relacionado con ésta, pero la regulación de derechos y obligaciones familiares tal y como hoy se recoge en diversas legislaciones no existía en la antigüedad. Esta característica unida al hecho de que el padre puede resolver o cesar la relación familiar en Roma en legítimo ejercicio de la *patria potestas*, aspecto que choca abiertamente con el concepto actual, es un ejemplo claro de los diferentes conceptos de familia que se han venido dando a lo largo de la historia.

17 BACHOFEN, J.J. *Das Muttercht*, (Stuttgart, 1861).

18 *Vid.* BECKER, H. *Le Droit de la femme dans l'antiquité*, (París, 1880); WESTERMACK, E. *The history of human marriage*, vols 1-3, (Londres, 1891- 1926); BOCCASSINO, R. *Le teorie evoluzionistiche sull'origine della familia e i dati positivi della etnología, en Famiglia*, II, Enciclopedia Cattolica, (Ciudad del Vaticano, 1950); STARCKE, G. N. *Le famille primitive. Ses origines et son développement*, (París, 1891).

19 *Ancient Society*, Londres, 1877

20 RODRÍGUEZ ENNES, L., *Bases Jurídico-Culturales*, (Santiago de Compostela, 1978), cit., p. 32. SUÁREZ BLÁZQUEZ, G. «Naturaleza jurídica híbrida de la familia romana». *Revista General de Derecho Romano*, ISSN-e 1697-3046, N.º 21, 2013.

En algunas culturas el significado de familia, como veremos posteriormente, enfatiza más su aspecto patrimonial[21] que su aspecto afectivo o consanguíneo está claro que desde un punto de vista etnológico hay ciertas similitudes a lo largo de la historia y como no en la actualidad. Ya en derecho clásico parece enfatizarse o resaltarse el aspecto o posición del paterfamilias de dominio sobre un grupo de gente, *filiifamilias* en cuanto a su estatus bien fueren hijos o esposa cónyuge *in manu*[22] que el aspecto patrimonial de la misma. Posteriormente se le dio siguiendo a **Bonfante** una dimensión amplia, la *gens romana*, escalón intermedio entre la *familia* y la *Civitas*, siendo esta *gens* el origen de diversas familias patricias.

La formación familiar en Roma es peculiar, el orgullo de estirpe: el etnocentrismo propio de cualquier cultura viene manifestado en la *societas ercto non cito* que impide que la herencia quede dividida creándose una especie de comunidad de bienes pertenecientes a un antepasado común. Estas familias formaban la clase de los patricios entre los cabezas de familia integrados en las gentes se elige a los senadores, de ahí que se llame *patres* a los senadores[23]. Si bien con el paso del tiempo la gens romana va desapareciendo, perdiendo paulatinamente importancia, ya en declive en época de las Doce Tablas, la familia romana se va estrechando, dando lugar a algo más parecido a lo que tenemos hoy en día, dándole tierras a las familias individuales y no siendo los cargos de gobierno pertenecientes a esos descendientes de la gens romana primigenia y siendo el concepto de familia algo más similar al de nuestros tiempos.

---

21 Leonard, A. G. «*Familia*», en *PW*, 1909, vol. VI, p. 1980; de Martino, F. *Le gens, lo stato e le classi in Roma antica*, en St. Arangio, IV; Rodríguez Ennes, L., *Bases Jurídico-Culturales*, (Santiago de Compostela, 1978). Estos autores comparten esta tesis basada en aspectos etimológicos, como el de que en el latín arcaico famulus designo a los esclavos y el propio término familia era referido al patrimonio ordinario de la familia romana, en el término herencia referido al *(adgnatus proximus familiam habeto)*.

22 Suárez Blázquez, G. «Conubium: centinela estatal internacional del matrimonio mixto», *Revista General de Derecho Romano*, n. 41, (2023), pp. 1-36.

23 Rodríguez Ennes, L., *Bases Jurídico-Culturales*, (Santiago de Compostela 1978). Cit. p. 33

1.2. Especial referencia a la patria potestad y al *pater* como figura central de la familia en época romana

La patria potestad[24], la esencia de la adopción es la de ser un modo artificial de crearla. GAYO afirmó que la patria potestad era una forma jurídica o institución de origen típicamente romano, aspecto desmentido por DE MARTINO quien observa la sintomática y característica propia de la patria potestad ya en los papiros si bien, el padre es responsable del menor por el hecho de haberlo engendrado. Por su parte, en Roma, el aspecto biológico carece de importancia siendo el *pater familias* el que ejerce el poder sobre la familia no primando el aspecto biológico[25]. El profesor D´ORS afirma que en época arcaica los términos *manus, dominum y potestas* eran usados para denominar algo que poco tendría que ver con la paternidad tal y como hoy la entendemos y sería la propiedad sobre las cosas siendo los hijos *alieni iuris*, pudiendo incluso disponer de su vida[26]. Una visión más acorde con la realidad es aportada por el profesor SUÁREZ BLAZQUEZ[27] Aspecto que queda plasmado en la arcaica costumbre del *tollere liberum*,

24   WESTRUP, C. W. *Patria potestas*, (Copenhague-Londres 1939).

25   LETORNEAU, C.J.M. *L´evolution du mariage et de la famille*, (París, 1888), p. 521

26   Así un padre tenía potestad absoluta sobre un hijo hasta para hacerlo desistir de su posición como Cónsul, siendo éste el caso de Spurio Cassio. Aunque el cónsul tenía como autoridad el poder sobre su padre, el padre tenía un poder absoluto sobre su hijo. Sobre el tema *vid.*: MOMMSEN, T. *Spurius Cassius, M. Manlius, Spurius Maelius die drei demagogen der älteren republikanischen Zeit, en Römische Forschungen* (Berlín, 1879), p. 153 y ss.

27   SUAREZ BLÁZQUEZ, G, «La patria potestad en el derecho romano y en el derecho altomedieval visigodo», *Revista de estudios histórico-jurídicos*, ISSN 0716-5455, N.º 36, 2014, págs. 159-187. ID. «La emancipación jurídica privada de la mujer romana: un antecedente histórico de "liberación de género"» ISSN 1989-1970 abril-2023 Full text article https://reunido.uniovi.es/index.php/ridrom, cit., p. 391. *Id.* «Patriarcado- Gobierno Público, Mujer Romana», *Revista General de Derecho Romano*, n. 38, 2022, pp. 1-34. *Id.* «Patriarcado - Gobierno público - Mujer romana», *Contribuciones al estudio de las acciones populares en el marco del derecho administrativo, fiscal, penal y civil romano* / Juan Antonio BUENO DELGADO (dir.), María ETELVINA DE LAS CASAS LEÓN (dir.), Vol. 1, Tomo 1, 2022 (Derecho Público), ISBN 978-84-1122-806-0, pp. 471-502. *Id.* «Trata, Abuso y explotación familiar de la infancia: desde el derecho romano al derecho medieval de España», *Revista*

que pervivió hasta Valentiniano[28], siendo con él con quien definitivamente fue abolida. Esta costumbre por la que el hijo recién nacido era depositado a los pies del *pater familias*, que podía cogerlo con lo que indicaba su voluntad de que viviese o no cogerlo con lo que mostraba su deseo de no reconocerlo, abandonarlo y que pereciese[29]. Las *Mores maiorum*, «costumbre de los ancestros», conjunto de reglas y de preceptos que el ciudadano romano apegado a la tradición debía cumplir, de hecho, las reglas de la comunidad romana arcaica, las costumbres y usanzas, eran también símbolo de integridad moral y del orgullo de ser ciudadano romano y por eso, a menudo se contraponían a las costumbres helenizantes y a las corrientes de pensamiento asiáticas limitaron el derecho del padre, estableciendo que podía ser sometido a penas muy graves si se extralimitaba en el ejercicio de su potestad, debiendo oír primero al consejo doméstico[30]. Ya en época de los príncipes cuando el poder del padre se ejercía de manera que se extralimitase disponiendo de la vida de su hijo era castigado *extraordinem* al igual que el hecho de someter a hijo a la esclavitud por medio de la venta *trans tiberim*, todo ello aquí desarrollado:

La patria potestad, en la familia agnaticia romana, era ejercida por ancestro varón, nunca por una mujer, ni por un ente con personalidad varón, nunca por una mujer ni por un ente con personalidad jurídica como una corporación. El ancestro ha de ser él de mayor edad y era extensible a todos sus descendientes ya lo fuesen por naturaleza o por adopción, a los hijos de estos y a sus esposas. Quedando solamente fuera de su autoridad los hijos dados en adopción y las mujeres que

---

General de Derecho Romano, n. 40 (2023), pp. 1-38. ID. «Conubium: centinela estatal internacional del matrimonio mixto», *Revista General de Derecho Romano*, n. 41, (2023), pp. 1-36.

28   Valentiniano declaró competentes a los jueces para las faltas graves dejando a los padres la potestad de imponer las leves, *vid.* RODRÍGUEZ ENNES, L., *Bases Jurídico-Culturales*, (Santiago de Compostela, 1978). Cit. p. 36.

29   GUALANDI, G., «Tollere liberos in un passo di Petronio», en *RISG*, 1952-53, VI, p. 412

30   Se reunían en una especie de «iudicium domesticum» según VOLTERRA este tribunal sometía al *pater familias* en su actividad imponiéndole incluso penas punitivas por extralimitarse en el ejercicio de su potestad. *Vid.* RODRÍGUEZ ENNES, L., *Bases Jurídico-Culturales,* (Santiago de Compostela, 1978)

se casaban, pasando a estar bajo la autoridad del paterfamilias de la familia de su esposo o sobre la autoridad de éste mismo[31].

Los hijos bajo el poder del paterfamilias eran los *filii familias*, el tratamiento de la madre materna desposada con el paterfamilias era el de *materfamilias*, si bien esto solamente era un tratamiento de cortesía ya que su estatus real era el de *filia* del paterfamilias con los mismos derechos que sus hijos.

El número de personas pertenecientes a una familia agnaticia era muy variable. Así un ciudadano romano, varón, con apenas más de 20 años podría constituir su propia familia al casarse en caso de no tener ancestros vivos.

El poder literal que el Paterfamilias tenía sobre la vida y la muerte fue ejercido de manera desorbitada, como ejemplos:

– El de Tricho, el cual dio muerte a su propio hijo[32].

– El caso de Flavio Nobilior el cual en año sesenta y cuatro A.C. castigó a su hijo por tomar parte en la *Conjuratio Catilinae*[33].

– Marco Favio ejecutó a su hijo por ladrón en el año 222 A.C.[34]

– Lucio Juno Bruto asesinó a sus dos hijos en el 508 A.C.[35]

Hoy en día vemos ese desorbitado poder, y el hecho de que estuviese amparado por ley como algo inimaginable.

A sensu contrario dictaduras y, lo que es peor, gobiernos democráticos posteriores a aquellos en más de 2000 años y, por ende, más avanzados siguen autorizando la pena de muerte en sus gobiernos.

Sin justificar el exceso de poder que implicaba la patria potestad, a todas luces desorbitado, no era tan descabellado para la cultura de la época visto lo que la nuestra autoriza legalmente hoy. En la antigua Roma, se creía que esta polí-

31 *GAI.* 1, 104; Inst. 1, 11, 10. SUAREZ BLÁZQUEZ G. «La patria potestad en el derecho romano y en el derecho altomedieval visigodo», en *Revista de estudios histórico-jurídicos*, ISSN 0716-5455, N.º 36, 2014, págs. 159-187.

32 Sen. de Clem. 1,15,1.

33 Val. Max. 5. 8, 5; Sal. Cat. 39

34 Oros. 4, 13.

35 Plut. Popl. 6, 7.

tica de libre disposición sobre la vida de los que estaban bajo la autoridad del paterfamilias era lo más adecuado.

El amor, el cariño paterno y el cuidado por los hijos en nuestra opinión es atemporal e instintivo, al igual que en el resto de la naturaleza y era habitual en la familia romana, si bien la disciplina del paterfamilias, ejercida autoritariamente parece ser una característica muy destacable dados los amplios términos en los que era autorizada por la ley. Por mis palabras podría concluirse que todo estaba autorizado y que la ley amparaba la más absoluta crueldad, sin embargo, no es así.

Con el paso del tiempo las características de este poder parecen atenuarse. En época de la república los censores intervenían para evitar posibles abusos.

El nombre de un ciudadano romano quedaba marcado en caso de abuso, siendo tachados de infames los ciudadanos romanos culpables de deshonra o perfidia[36].

Si bien no hay pruebas o registros escritos de tal «censura» sobre la actividad del paterfamilias dentro de su hogar, se puede suponer que tal control, aunque de manera tenue, sí que existía, como ejemplo citaremos el hecho de que el senador romano Lucio Annio fuese expulsado del Senado romano por no haber seguido el procedimiento legalmente establecido para divorciarse en el año 307 A.d.C.[37].

La doctrina de la patria potestas incluye todas las clases y jerarquías sociales. Un hombre, aunque fuese cónsul estaría bajo la patria potestad y autoridad paterna o de su ancestro vivo de mayor edad.

Aunque puede parecer que el poder paterno es absoluto, el poder del padre está regulado por el *Ius Civile* y no por el *Ius Publicum* por lo que no afectaría o tendría por objeto el decidir el sentido del voto de un *filiusfamilias* ni tampoco sobre la elección de oficio. Tampoco tiene autoridad sobre los actos oficiales que el *filias familias* ha de realizar concerniéndole solamente a él, así como el servicio militar, etc.

---

36   *Vid.* En este sentido: FERNÁNDEZ, L. G., *La Censura en el Mundo Antiguo*, (Madrid, 1985).

37   Val. Max. 3, 2.

Si la negativa del *paterfamilias* ilógica o infundada el hijo podía casarse con la autorización de un magistrado[38].

Todos estos derechos propios del *Pater Familias* irán desapareciendo al largo de los siglos progresivamente[39] hasta que la influencia del cristianismo convierte esos derechos paternos que extralimitaban cualquier frontera ética como el *ius vitae necisque*, el *ius exponendi* y el *ius noxae* dandi en meros recuerdos del pasado y no en derechos efectivos que un *pater familias* podía ejercer y basándonos en testimonios históricos de hecho ejercía[40].

---

38 *Dig.* 23, 2, 10; 23, 2,9, 1.
39 Antonino Caracalla declaró *illicitam et inhonestam* la venta de hijos.
    - Diocleciano limitó el *ius exponendi*. En época de Valentiniano el absolutismo del poder paterno se observa realmente decaído
40 La historia de la familia romana es la historia de su descomposición. *Vid*: ENNECERUS-KIPP-WOLF, *Tratado de Derecho civil, Derecho de familia*, vol. I, *El matrimonio*, trad. Por B. PÉREZ GONZÁLEZ Y J. CASTÁN TOBEÑAS con la colaboración de J. ALGUER, (Barcelona, 1942), p. 2.

2.

ADOPCIÓN EN ÉPOCA PRERROMANA Y EN OTRAS CULTURAS

Si bien este debate sea más propio de Filosofía del Derecho citaremos aquí a la «Enciclopedia Universal Ilustrada Europeo-americana» diciendo que, si bien hoy la adopción no tiene tanta importancia como antiguamente, debe admitirse como expresión de la tendencia del hombre a perpetuarse, supliendo con esto el método natural, a la par que es beneficioso para el individuo y la sociedad en general[41].

Los orígenes de la adopción se encuentran en casi todas las culturas con diferentes regulaciones.

Entre los semitas aparece como un *alumnato* y no como una adopción propiamente dicha debido a la figura del *levirato*, la cual hacía innecesaria esta institución. El marido podía esperar que, en caso de fallecer sin descendencia, su pariente más próximo contrajese matrimonio con su viuda, proporcionándole así un heredero[42]. Se puede dar, eso sí, que los padres adopten a hijos engendrados con esposas secundarias o esclavas en una suerte de adopción para poder con ello ser partícipe en la herencia paterna[43].

---

41   *Enciclopedia Universal Ilustrada Europeo-americana*, José Espasa e hijos editores, Tomo II, (1934), pp 985 y ss

42   FURLANI, G., *Alcune considerazioni sull'adozione nelle leggi di Hammurabi, Studi Bonfante*, III, p.7. SCHEFTELOWITZ, J. *Die Leviratsche, en Archiv. Fur Religionswiss*, XVIII, (1915), p. 250 y ss.

43   GAUDEMET, J., *Adptie en het Oude Isräel, Niewe Reks*, XVIII, (1955), p. 85 y ss

Lo mismo ocurre con los *egipcios* en donde tiene lugar según el antiguo testamento la adopción más famosa de la historia prerromana, la de Moisés, la cual siguiendo a VOL-TERRA y a ENNES no es más que un *acogimiento* lejano a la actual modelo de tal institución y también al propio modelo romano. VOLTERRA por su parte afirma que la adopción en el derecho hebreo no es digna de mención, dicha institución, siguiendo al mismo autor sí que es regulada por babilonios y asirios por su parte con el término de *mârûtu*, muy distante de la adrogatio romana. El término mârûtu no debe confundirse con el término *errebu*[44]. En el Código Hammurabi se fijan todas las circunstancias en las que se puede dar el acogimiento o cualquier figura pareja a la adopción[45].

Siguiendo a VOLTERRA y FURLANI remarcaremos el hecho de que el Código Hammurabi es un compendio legal de difícil comprensión y en especial en lo ateniente al *tuppi mârûtu*[46] ya que llega a comprender diferentes negocios jurídicos dentro del mismo término, desde una compraventa de un inmueble hasta adopciones en matrimonio legítimo pasando por adopciones en fraternidad, etc. La amplitud del término *mârûtu*[47] abarcaría en nuestra opinión tantas figuras debido a las finalidades espurias y meramente patrimonialistas que tanto en fechas relativamente más recientes como en fechas anteriores se le daba a la adopción siendo un medio de transmisión de masas patrimoniales y hasta de poder político como veremos en Roma. Si bien no existen fuentes que lo recojan sí que se estima que la fórmula era similar a una suerte de compraventa.

Las garantías de esta institución en nuestra opinión muy adelantadas para la época serían según CRUVEILHIER serían garantías para el adoptando y el adoptado, con castigos físi-

---

44 Aquel que puede entrar y salir libremente de casa sin ser miembro de la familia a pesar de ser el marido de la hija del patrono, según fuentes anteriores al código Hamurabi, en concreto un documento bilingüe encontrado en sumerio y acádico de finales de la tercera dinastía Ur: *Vid.*, RODRÍGUEZ ENNES, L., *Las Bases Jurídico-Culturales*, (Santiago de Compostela, 1978), pp. 22-23.

45 CRUVEILHIER, A., *Comentaire du Code d'Hammourabi*, (París, 1938), p. 186

46 Tablillas de adopción

47 45 BOYER, G. «Sur quelques emplois de la fiction dans l'ancient droit oriental», en *RIDA*, (1934) p. 77; *Mission de Ras Shamra*, VI, *Le Palais Royal D'Ugarit*, III, (1955), pp. 302-306

2. ADOPCIÓN EN ÉPOCA PRERROMANA Y EN OTRAS CULTURAS

cos severos para el que renunciase a su padre adoptivo e incluso reducción a la esclavitud y con reserva del derecho a un tercio de la herencia de su familia natural en caso de revocación adoptiva[48].

Por su parte FURLANI en el estudio que realiza sobre el precepto 188 del Código Hammurabi donde se recoge la adopción a condición de que el adoptado aprenda y ejerza un oficio refuerza la tesis de que podría ser una especie de contraprestación y ya no solo una mera adopción sino que abarcaría como contraprestación a su aprendizaje y el gasto que ello implica que lo ejerza junto con el artesano no recayendo el beneficio en su familia de origen sino en la persona del que realizó el aprendizaje y como contraprestación al mismo.

Según PIRENNE[49] durante la primera dinastía no se encuentra nada parecido a una adopción en el Antiguo Egipto durante la primera dinastía y hasta la sexta pareciendo por las diversas fuentes totalmente prohibido, siendo al igual que en Babilonia hecha con un carácter patrimonial no perdiendo el adoptado los vínculos que lo unen con su familia de origen, conservando su nombre y su paternidad biológica y si bien adquiere derechos a la sucesión del adoptante, mantiene derechos a la sucesión de su padre por naturaleza[50]. Ya bajo el dominio de imperio romano aparece la *Zesis* que puede ser considerada como una adopción al modo romano, sin embargo, es de carácter patrimonialista centrándose en los efectos sucesorios más que en el resto de los efectos inherentes a la adopción[51].

Ya en la Grecia *Clásica* se observa que la familia es parte esencial y básica de la «polis», la familia mucho más reducida que el clan romano estaría constituida por los padres e hijos[52]. Si bien se podría graduar desde la más reducida «Hestia» ya mencionada hasta la «anchisteia», la «syngene-

---

48 Según MAZZARELLA los padres solo pueden reclamar la devolución de un hijo en caso de sustracción violenta o maltrato por parte de la familia adoptiva.

49 PIRENNE, J., *Historia del Antiguo Egipto*, (Barcelona, 2003), p.97

50 VOLTERRA, E., *Diritto romano e Diritti orientali*, cit., pp. 107

51 Pap. Oxy. 1206 del año 335 D.C., en el que se narra la adopción realizada por Horus sobre el hijo de Hércules e Isarión centrándose en que Horus promete nombrar heredero a su hijo

52 «*Hestía*» o familia propiamente dicha y la «anchisteia» que agrupa a las tres generaciones descendientes de un bisabuelo común, exten-

sis» (la que está formada por los que comparten un antepasado común) y la «genos», la más extensa, que vendría a ser «un cierto orgullo de estirpe o la pretensión de unos antepasados ilustres a veces hasta incluso de fuentes míticas o basadas en sus leyendas». Esta «genos» tiene tierras comunes y una organización jerárquica con un jefe para la «oikos» o casa. La sociedad ateniense es patriarcal y al igual que en Roma heredan los varones por lo que la adopción es aceptada únicamente para suplir la falta de descendencia masculina del jefe del oikos ciudadano responsable ante la «polis» de su casa siguiendo a ROUSSEL diremos que al modo romano si el jefe del oikos desaparecía sin hijos desaparecería el culto familiar[53].

En *la Ibérica* antes de la romanización no se encuentran fuentes que permitan esgrimir la defensa de la existencia de una institución similar o al menos parecida a la *adrogatio* o *adoptio* romanas por la que se introducía a alguien ajeno al grupo familiar con la condición de hijo y bajo la patria potestas de un padre.

---

diéndose hasta los primos segundos *Cfr.*, RODRÍGUEZ ENNES, L., *Bases Jurídico-Culturales*, (Santiago de Compostela, 1978), cit, pp. 26, 27.

53   ROUSSEL, P., *Isée. Discours*, (París, 1922); PAOLI, U.E. *Liceo Per l'eeditá di Pirro*, (Florencia, 1935); *Ibídem*, «Diritto attico e deritto greco», *Scritti Ferrini*.

3.

ANTECEDENTES JURÍDICO-ROMANOS

Como ya hemos visto la adopción, *adoptio* es el acto por el que un *pater familias* asume la patria potestad de una persona, adoptado que pertenece a otra familia. El adoptado deja así su propio grupo familiar y entra como *filiusfamilias*, en cualidad de hijo o de nieto, pero también de hermano en el grupo del adoptante[54].

Desde los primeros tiempos de Roma, según VOLTERRA, la institución de la patria potestad y adopción irán ligadas, sin duda, a la ciudadanía nacional romana y al matrimonio, institución destinada a la fundación del grupo familiar nacional quiritario. El grupo familiar romano es la unidad jurídica *ex iure quiritium*, autónoma, gobernada única y exclusivamente por el *pater familias*.

Los hijos y las hijas, nacidos de justas nupcias, adquieren la posición jurídica, dentro del derecho civil, de *filiusfamilias* y *filiafamilias*, y quedan vinculados y unidos, en un régimen de filiación civil, *adgnatio* al poder, siguiendo a BONFANTE, poder soberano[55], del *pater familias*. Acorde con esta tesis, se puede afirmar que la familia romana arcaica es una institución jurídica del *vetus ius civile* que forma parte de la *civitas*, como Ciudad-estado. Esta familia arcaica quiritaria se ancla mediante la espina dorsal de la *patria potestas*.

La cohesión o modo de unión de estas familias son, según G. SUÁREZ BLÁZQUEZ, a su vez, tres nervios jurídicos:

1. Nervio jurídico patriarcal.

---

54   *Vid.* BRANCA, G., voz: *Adozione*, en. vol. I, 1958, p. 579.
55   BONFANTE P., *Corso di diritto Romano*, Milán, 227-257.

2. Nervio jurídico patrilineal.

3. Nervio jurídico político[56].

Patriarcal significa que sólo los *patres sui iuris* sin ascendientes masculinos, varones, pueden ser los jefes soberanos, civiles y religiosos de la familia. La familia es una institución de y para los hombres, *patres, quirites*. El derecho de Roma nunca admitió la familia matriarcal[57]. Sólo los hombres, ciudadanos romanos, pueden ser titulares del poder de la patria potestad y ejercer el gobierno de la familia mediante ella. La patria potestad romana es un poder jurídico viril. El *paterfamilias* es el titular del gobierno, de todos los nexos que someten a los miembros del grupo familiar. Todos los componentes de la familia están sometidos, convirtiéndose por tanto en *alieni iuris*, al poder del varón, ciudadano romano, *sui iuris*. El marido somete y subyuga a la esposa, *uxor in manu*, quien ocupa una posición de hija, *loco filia*, si el esposo ejerce la patria potestad, o de nieta, *loco neptis*, si es el padre del marido el titular de aquélla. En este sentido, el jurista GAYO señala que la mujer y toda la línea descendente femenina legítima son el principio y fin de su familia. En consecuencia, la mujer no tiene competencia para ser titular del poderío civil de la patria potestad, ni puede crear su propio grupo familiar. La línea agnaticia descendente se interrumpe por las *filias familias*. Éstas están sujetas a la patria potestad, pero no la ejercen ni la transmiten *feminae liberos in potestate non habent*[58].

Por este motivo, los descendientes consanguíneos de la madre son extraños en la herencia de ésta[59], y en la descendencia del abuelo si éste no los ha retenido bajo su patria potestad. La *filia familias* sale y abandona el grupo familiar e ingresa como *materfamilias* y nueva *filiafamilias* en el nuevo grupo familiar que se funda con el matrimonio *uxor in manus mariti* convenido con el paterfamilias. La descendencia de la *uxor in manu* sigue a la familia del padre no a la de la madre

---

56 SUAREZ BLÁZQUEZ, G, «La patria potestad en el derecho romano y en el derecho altomedieval visigodo», *Revista de estudios histórico-jurídicos*, ISSN 0716-5455, N.º 36, 2014, págs. 159-187.

57 VOLTERRA, E., cit. p. 728

58 GAYO, *Inst.* 2, 161. D. 50, 16, 196

59 GAYO, *Inst.* 2, 161.

feminarum liberos in familia earum non ese[60]. El parentesco que liga a los descendientes con su madre es un parentesco de derecho natural: «*at hi qui per femini sexus personas cognatione coniunguntur non sunt agnati, sed alias naturali iure cognatione*»[61]. En consecuencia, el gobierno de la familia y el ejercicio de la patria potestad son facultades jurídicas viriles, de y para los hombres. Esta mentalidad está muy presente en la jurisprudencia clásica. Al decir de GAYO, en la denominación de familia se comprende *al princeps familiae*[62]. La familia es un grupo civil, religioso y económico que gobierna un primero, varón. El padre de familia es el eje protector sobre el que van a girar todos los componentes del grupo, quienes permanecían unidos, sometidos y vigilados, permanentemente, por aquél. Patrilineal porque a la muerte del padre, la patria potestad se transmite en línea descendente de ciudadano romano a ciudadano romano, de varón a varón, nacido de justas nupcias.

El padre de familia gobierna y une el grupo familiar mediante la patria potestad. La patria potestad, como poder descendente masculino de cohesión del grupo, es visible en las atribuciones de las que goza el paterfamilias, pues es libre de retener y subyugar a un nieto bajo su patria potestad y, con seguridad, desde el año 450 a. C. (Lex XII Tabularum, IV), disolver el poder y expulsar del grupo familiar a su hijo, *emancipatio*, quien en virtud de ésta se hace *sui iuris*, pero pierde el título de *filiusfamilias*. La intensidad y el valor de la patria potestad no son uniformes. Esta tesis es palpable en la legislación decenviral. Si el *paterfamilias* quiere disolver el poder de la patria potestad que ejerce sobre los hijos varones tiene que realizar tres *mancipationes*. Sin embargo, si el paterfamilias desea renunciar a su derecho y disolver la patria potestad que ejerce sobre las hijas o descendientes en segundo grado, nietos, nietas, bisnietos es suficiente una *mancipatio*[63].

Ese proceso de disolución es idéntico si el paterfamilias quiere disolver la patria potestad para entregar a sus hijos

---

60   *D*. 50, 16, 196
61   GAYO, *Inst*. 1, 156.
62   *D*. 50, 16, 196.
63   GAYO, *Inst*. 1, 132.

en adopción *sub potestate* a un nuevo *paterfamilias*[64]. Es evidente que el valor de la patria potestad no es idéntico para todos los sometidos. Los hijos son continuadores de la patria potestad y de la ciudadanía romana. Las mujeres abandonan y se hacen jurídicamente extrañas a la familia, cuando ingresan como *uxores in manus mariti* (*loco filiae, loco neptis*) en otros grupos familiares. El carácter patrilineal por la línea de varón se mantiene en vigor en la etapa clásica, y es puesto de relieve por GAYO: «*itaque si moriente avo pater eorum et vivit et in potestate patris fuerit, tunc post obitum avi in patris sui potestate fiunt; si vero is, quo tempore avus moritur, aut iam mortuus est aut exiit de potestate patris, tunc hi quia in potestatem eius cadere non possunt, sui iuris fiunt*»[65]. Patria potestad política, agnaticia, porque el padre ejerce facultades que nacen del poder, potestas, que es perpetuo. El sometimiento a la patria potestad, por nacimiento en justas nupcias: *item in potestate nostra sunt liberi nostri quos iustis nuptiis procreavimus*[66], adopción *(non solum tamen naturales liberi secundum ea quae diximus, in potestate nostra sunt, verum et hi quos adoptamos)*[67] y arrogación[68], hace surgir la filiación agnaticia y titula a los hijos e hijas como *filiifamilias* e *filiasfamilias*. Estos títulos constituyen acreditaciones jurídicas civiles en favor de los *alieni iuri sub potestate patris*, quienes a la muerte de este son nombrados, ex lege iuris civilis, heredes sui[69]. El sometimiento *(alieno iure subiectae sub potestate patris)* es civil y político, y perpetúa los vínculos agnaticios de la familia. La patria potestad hace surgir los vínculos y la *filiación* agnaticia. Los sometidos *sub potestate patris* siguen y adquieren la condición jurídica del padre: son ciudadanos romanos. En consecuencia, los hijos adquieren mediante la filiación jurídica que surge de la patria potestad, el *idus tría nomina*: el *praenomen*, el *nomen*, y el *cognomem*. *Praenomen* que los define como ciudadanos, ingenuos y

---

64   GAYO, *Inst*. 1, 134. La mujer *in manu* sale de la *manus* del marido con una sola *mancipatio*. GAYO, *Inst*. I, 137.

65   GAYO, *Inst*. 1, 127.

66   GAYO, *Inst*. 1, 55.

67   GAYO, *Inst*. 1, 97-99.

68   AULO GELIO, *Noctes atticae*, 5, 19, 9: «*Quam si ex eo patre matreque eius natus esset, utique ei vitae necisque in eum potestas siet*».

69   *Lex* XII T. V.

miembros de una familia *proprio iure*[70]. Familia gobernada por un *pater familias*, de quien adquieren el *praenomen*. El *nomen* les acredita jurídicamente como miembros de un clan o tronco común familiar gentilicio *(familia communi iure)* que pertenece a la Ciudad estado de Roma, (la antigüedad del *nomen* es certificada por inscripciones epigráficas del siglo VII a.C.)[71]. Por último, el *cognomen* era un apodo o singularidad, que, dentro del grupo familiar gentilicio, designaba a los miembros de la familia más estricta, familia *propia iure*. A la muerte del padre, la *hereditas* perpetúa la continuidad de la estirpe gentilicia y de la familia. Los vínculos cognaticios son extraños al *ius quiritium* y a la patria potestad, y, en consecuencia, a la familia y a su gobierno. Los hijos que son liberados de la patria potestad y expulsados de la familia agnaticia pierden su condición de *filiusfamilias* y *filiafamilias* y son *sui iuris*, de derecho propio. Cabe preguntarse ¿qué derecho propio? En origen, creemos que es muy probable que la liberación de los hijos por *emancipatio* significa el cambio de estatus por un proceso de expulsión y disolución del poder de la patria potestad, *capitis deminutio*[72] y, en consecuencia, de extrañamiento del hijo o hija *extranei* de la familia, Incluso, si el emancipado llega a suceder al padre por testamento es heredero extraño[73]. Desde tiempos primigenios, los vínculos de consanguinidad se tienen en cuenta por el derecho para evitar matrimonios incestuosos. Estos fueron calificados por la jurisprudencia pontifical como actos contrarios a la religión, *nefariae*[74], y al *ius civile*, *matrimonio iniustum*. La familia cognaticia entrará también en el punto de mira del derecho de sucesiones por la intervención jurisdiccional de los pretores, de la jurisprudencia y del tribunal de los *Centumiviri*. En los siglos finales de la República, como informa VALERIO MÁXIMO[75], los vínculos cognaticios siguen perteneciendo al orden natural, no al derecho civil.

70 D. 50, 16, 195, 2.
71 LÓPEZ BARJA DE QUIROGA P. Y LOMAS SALMONTE FJ., *Historia de Roma*, Ediciones Akal, Madrid, 2004, pp. 40-41.
72 GAYO, *Inst.* 1, 162.
73 GAYO, *Inst.* 2, 16
74 GAUDEMET J., *El matrimonio en occidente, Taurus Humanidades,* Madrid, 1993, pp. 43-44.
75 Valerio MÁXIMO, *Hechos y Dichos Memorables*, 7, 7, 2.

Ya, desde la óptica de la *adoptio*, en los tiempos arcaicos, ésta se presenta como el paso de una persona *libre alieno iuri subiecta (filiusfamilias)* de la potestad de un *paterfamilias* a la potestad de otro *paterfamilias*. Sin embargo, no existe una transmisión directa de la patria potestad del adoptante sobre el adoptado, sino que existe una liberación previa del *filiusfamilias* por su padre natural y una posterior transmisión e ingreso en la potestad del nuevo paterfamilias adoptante. Esta liberación tiene lugar mediante la emancipación del *filiusfamilias*, efectuada sobre la base de la ley de las XII Tablas *(si pater filium ter venum duit, filius a patre liber esto)* con la triple venta del hijo. Al decir de Gayo, en virtud de ésta, el adoptante reivindica al *filius* de frente al antiguo paterfamilias, el cual no se opone, y el *pretor in iure adjudica (addicit)* al *filius* reivindicado al nuevo paterfamilias[76]. Al hijo adoptado, se le puede conferir la posición de hijo o de nieto del adoptante: aquel sale de su familia originaria, perdiendo, respecto a esta y a sus miembros, todo derecho, incluso, los derechos sucesorios y toda relación de agnación y gentilidad. Además, asume el *nomen*, el *praenomen* gentilicio, el patronímico e ingresa en la tribu territorial a la que esté adscrita la familia del adoptante.

La jurisprudencia del siglo III a d. C. - II d. C. trata unitariamente de la adopción y afirma que la *adoptio* es nombre general *(nomen est quidem generale)* y comprende dos instituciones, la adrogación y la adopción en sentido estricto. Así, al decir de **GAYO** (Inst. 1, 98): *adoptio autem duobus modus fit, aut populi auctoritate, aut imperio magistratus vel praetoris*. Por la autoridad del pueblo, sostiene **GAYO**, adoptamos a aquellos que son independientes, especie de adopción que recibe el nombre de arrogación, ya que aquel que adopta se le ruega, es decir, se le interroga si quiere tener como hijo con arreglo a Derecho a quien va a ser adoptado, y éste se le interroga si tolera que así se haga, y al pueblo se le interroga si determina que así se haga[77]. En el fragmento de: *ex Corpore Ulpiani* 8, 2 se lee: *adoptio fit aut per populum aut per praetorem vel presidem provinciae. Illa adoptio, quae per populum fuit, specialiter adrogatio dicitur*. Por su parte, **MODESTINO** en el Libro II Regularum sostiene que: *Filios fami-*

---

76 GAYO, *Inst*. 1, 34.
77 GAYO, *Inst*. 1, 99.

lias non solum natura, verum et adopciones faciunt[78]. Además, al decir del jurista: «... *quod adoptionis nomen est quidem generale; in duas autem species dividitur, quorum altera adoptio similiter dicitur, altera arrogatio. Adoptantur filiifamilias; arrogatur, qui sui iuris sunt»*[79].

En realidad, las dos instituciones *adoptio-adrogatio* tuvieron cada una su propio origen y siguieron cada una su propio camino. Con todo, al decir de GIUSEPE BRANCA *«di comune ebbero: I) lo scopo originario d'apportare nuove forze umane a un gruppo familiare; II) certi effeti, per cui l'adottato assumeva culto, nome, tribù dell'adopttante e diveniva agnado e gentile rispetto agli agnati e gentili di lui»*[80].

La *adrogatio* e más antigua, anterior a la Ley de las XII Tablas. Se da cuando el adoptado *(adrogatus)* es una persona *sui iuris*, es decir no sujeta a la patria potestad de nadie, siendo ella misma normalmente páter familias. Por efecto de la arrogación no tanto el *adrogatus*, sino más bien su familia (hombres y bienes) entran en la familia del adoptante-*adrogator*. Es un acto de singular gravedad (especialmente en el terreno sagrado y político), puesto que conlleva a la extinción de un grupo familiar en beneficio de otro grupo que lo absorbe. Por este motivo, solo se puede elevar a acto delante de los comicios curiados presididos por el pontífice máximo. Esta noticia es reportada por Aulo Gelio, 5, 19, 11. *Populi auctoritate fit* dicen los juristas en alusión a los comicios. Tiempo después, se sustituyeron por la representación de treinta lictores, aunque se mantuvieron otras solemnidades.

En la época clásica está vigente la regla *per adoptionem dignitas non minuitur, sed augetur*. Por la o tanto, el adoptado adquiría solo la *dignitas* del adoptante si esta era superior a la propia. De las fuentes se deduce la posibilidad de adoptar a un esclavo, sea emancipándolo a un tercero y reivindicándolo como a un hijo, sea, si el adoptante es un extraño, reivindicándolo directamente al patrono, quien no se opone.

Es dudoso en la etapa clásica, si es posible adoptar a los esclavos propios como medio de concesión de su libertad.

---

78   *D*, 1, 7, 1, Modestinus, Libro II Regularum
79   *D*, 1, 7, 1, 1, Modestinus, Libro II Regularum
80   BRANCA, G. cit. p. 579.

Sin embargo, si creemos a Justiniano, quien se apoya en **CATÓN**, esta especie de adopción es admisible[81].

Por otra parte, las fuentes literarias y también una inscripción neo-púnica y otra latina de la Tripolitana mencionan una *adoptio testamentum* que se practicó por altos dignatarios romanos y fue utilizada por **CÉSAR** para adoptar a su sobrino **OCTAVIO AUGUSTO**. Incluso, parece que las mujeres también podían llevarlas a cabo. Lo cierto, es que esta institución ha dado lugar a numerosos debates doctrinales y discusiones entre los autores modernos. Al decir de **VOLTERRA**, parece que el efecto fue aquel de imponer al heredero la condición de asumir el nombre del difunto[82].

En el Derecho Justinianeo, la adopción se presenta como un negocio jurídico constituido directamente entre dos padres con el consentimiento del adoptado. Una vez abolida la preventiva emancipación, el acto jurídico consiste bien en una declaración de las partes delante del magistrado, el cual sanciona la voluntad de las partes[83], bien en una declaración realizada en un documento oficial *per tabulas* ante un notario *tabellio*. Es necesaria la confirmación del adoptado, al menos en la forma pasiva del *non disentire*. El fin de la adopción es hacer adquirir al adoptado la posición de hijo en relación con el adoptante, afirmándose el principio *adoptio naturam imitattur*. Se requiere, además, que entre el adoptante y el adoptado haya una diferencia de edad de al menos dieciocho años y se deniega a los castrados el derecho de adoptar. Justiniano, por su parte, distingue entre *adoptio* plena (adopción por parte del abuelo paterno y materno) de la *adoptio minus plena* (por parte de un extraño). La cual no constituye separación del adoptado de su familia origen (conserva íntegros sus derechos sucesorios) ni sujeción a la patria potestad del adoptante: el único efecto es aquel de atribuir al adoptado los derechos de un heredero legítimo respecto al adoptante siempre que éste muera intestado. Se considera adopción plena también la dación en adopción de un nieto a un extraño, cuando el adoptado no tiene el derecho a la sucesión del abuelo natural por estar precedido por el padre. Según **VOLTERRA**, al Derecho romano parece desconocida la

---

81 JUSTINIANO, *Inst.* 1, 11, 2.
82 VOLTERRA, E. voz: «Adozione (Diritto Romano)», en *NDI.*, Turín, 1957, p. 288.
83 *C.* 8, 47, 11.

adoptio in fraternitatem, recordada por la constitución imperial de Código 6, 24, 7, que parece referirse a instituciones que están en uso en las poblaciones de las provincias.

4.

LA ADOPCIÓN EN ÉPOCA ARCAICA

Conviven en época arcaica dos figuras adoptivas como son la *adrogatio* y la *adoptio*[84], comprendiéndose bajo el término genérico adoptio a ambas figuras relacionadas respectivamente con los conceptos *sui iuris* en el primer caso y *alieni iuris* en el segundo.

4.1. La *adrogatio*

La *adrogatio* tiene lugar cuando un sujeto *sui iuris* adopta otro *sui iuris* o lo que es lo mismo, se sitúa en la posición del *paterfamilias* que adopta subrogándose en la titularidad de su patrimonio y de las potestas familiares.

Se formaliza la *adrogatio* mediante un acto solemne y de carácter eminentemente formal, reuniéndose el coligio pontifical y los comicios curiados.

En primer lugar, se analizaba que la adrogación no tuviese manifiesta intención fraudulenta o una finalidad exclusivamente económica (recordemos que todos los bienes del arrogado pasaban a propiedad del *pater adrogans*). Esto es comprobado por los pontífices, quienes estudian el caso y declaran sobre la conveniencia de la realización de tal adrogación. Posteriormente, los comicios curiados autorizaban la *adrogatio* a los paterfamilias que tuviesen la edad requerida para ser miembro de los comicios, debido a que, por una parte, el honor y la carga de la familia fuese asumida con

---

84   *Gai, Inst.* I, 97 y ss.

plena inteligencia y libertad de acción[85] y, de otra, se valorase, merced a la intervención del pueblo, caso por caso, la importancia recíproca del núcleo familiar que se extinguía y el que se conservaba[86]. «En los últimos siglos de la República, la pérdida de importancia de los Comicios Curiados determinó que fuesen representados en las adrogaciones por treinta *lictores* cuyo consentimiento sólo constituiría una mera formalidad que, sin embargo, fue mantenida durante todo el período clásico»[87].

La fórmula utilizada es la petición al pueblo encuadrado en los Comicios Curiados (poder constitucional de la *Res Publica* romana)[88] que consideraban al sujeto arrogado «como si hubiera nacido del mismo padre y de la misma madre» no encontrándose diferencia alguna desde ese momento entre el arrogado y los hijos legítimos que el arrogado hubiese tenido biológicamente pasando el arrogado a entrar a formar parte de la familia del arrogante. Esta forma garantista y ceremoniosa de llevar a cabo una adopción quizás tenga su justificación en el hecho de que a través de esta *ficto iuris* que constituye una situación similar al nacimiento de un hijo otorga por otra parte unas potestades al *pater*, que van desde el *ius vitae necisque* como paradigma de las más exorbitadas hasta las más simples que le corresponden como jefe del clan familiar. RODRÍGUEZ ENNES lo compara a la anexión, en este caso absorción de un grupo político por otro[89]. Continuando con tal razonamiento diremos que la consecuencia por las que tales garantías es exigida sea la efectiva absorción de una familia por otra dándose con ello una *capitis deminutio mínima* de toda la familia excluyéndose la posibilidad de cualquier acuerdo privado que excluyese a cual-

85 BARBATI, M. *La rilevanza del consensus dell'adottando nell'adrogatio e nell'adoptio*, (Roma, 2000).

86 RODRIGUEZ ENNES, L. *Basese Juridico-Culturales*, (Santiago de Compostela 1978). p. 50; RUIZ PINO S. *Régimen jurídico de la adopción en Derecho Romano y su recepción en el Derecho Español*, (Córdoba. 2010). p. 167.

87 *Gai, Inst*, I, 99.

88 SUAREZ BLÁZQUEZ, G., «De la Res publica romana a la personalidad jurídica corporativa romano-cristiana abstrata del "Rey - Reino" visigodo», *Anuario de História del Derecho Español*, (2022), pp. 9-46. n. XCII.

89 RODRIGUEZ ENNES, L. *Basese Juridico-Culturales*, (Santiago de Compostela, 1978). cit. p. 55.

quier miembro de la familia de tal adrogación[90], incluso los que están por nacer —*nasciturus*—, pasan a la potestad del nuevo *pater*. Los bienes y propiedades de la familia del arrogado se integrarían en el patrimonio del nuevo *pater* también pasarían al nuevo páter por una *succesio en ius*[91]. Pero debido al hecho de que se dejaba de ser *sui iuris*, la desaparición de las deudas en perjuicio de terceros fue modificada y corregida en época postclásica por los pretores concediéndole la posibilidad de mediante una *fictio iuris* considerar *sui iuris* al arrogado, pudiendo así recuperar el acreedor lo debido. Otro efecto al que nosotros no le daríamos hoy la importancia que tenía en la época es al religioso considerado este como un acto político de naturaleza familiar y sacramental[92].

La adrogación no era debatida por el pueblo, era simplemente aprobada o rechazada siendo mediante la promulgación de una *lex curiata* el modo de formalizarla.

Hemos de valorar el hecho de que un *pater* pasase a la posición de *filius* y las implicaciones que eso conllevaba en la sociedad de la época de ahí las muy estrictas garantías requeridas para poder realizarla[93].

Ya con Justiniano no era adquirido todo el patrimonio del arrogado a título universal[94], sino sólo el usufructo. La *adrogatio* no era una cuestión *obiter dicta* sino que se postula como una institución de suma importancia, siendo utilizada con fines espurios en multitud de ocasiones, se trataba de evitar situaciones como la impunidad del arrogado frente a las deudas que tenía como *paterfamilias*, éstas desaparecían al ser adoptado, para evitar estos inconvenientes se le concede a los acreedores una acción contra la aducida *capitis deminutio* del ahora adoptado y poder exigirle efectivamente sus el pago de sus deudas.

Así pues, cualquier ciudadano romano varón *sui iuris*[95], o lo que es lo mismo no sometido a la patria potestad de un *pater* podía ser adoptado, no estándole permitido a las muje-

---

90   *D*.1.7.15; Inst. I.1.11.11.
91   *D*. 1, 7,15.
92   *Cfr*. FERNÁNDEZ DE BUJÁN, A., *Derecho Privado Romano*, (Madrid, 2010), p. 272.
93   *Populi Auctoritate Gai, Inst.* I, 99.
94   *C*. 6, 61,6.
95   *D*.1.7.1.1.

res ser arrogadas ya que no cumplirían en derecho romano el requisito de ser *pater familias*. «La jurisprudencia clásica y las compilaciones postclásicas confirmaban las noticias misóginas de los filósofos e historiadores, quienes abrazaban, con carácter general, la idea de la inferioridad de la mujer en relación con el varón» (SUAREZ BLÁZQUEZ)[96] al igual que tampoco tendría la mujer capacidad para comparecer ante los Comicios Curiados y someterse a las pertinentes cuestiones o interrogaciones oportunas, es razonable pensar en la ausencia de capacidad comicial de las mujeres[97], si bien, hay otros puntos en contra, más sustanciales, que apoyan tal afirmación y es que la función de perpetuar la estirpe no se cumpliría aquí, ni la propia estructura de la familia romana podría estar basada en una figura distinta de la del paterfamilias, los eunucos sí que podían arrogar y adoptar por su parte[98], al igual que los ciegos[99], las mujeres también pueden adoptar a partir de Diocleciano[100] como consuelo por los hijos perdidos siendo ésta constituida por rescripto imperial siendo esto probablemente derivado de la influencia helénico-cristiana[101] que produce un cambio en el concepto de familia.

---

96   SUAREZ BLÁZQUEZ, G, «La emancipación jurídica privada de la mujer romana: un antecedente histórico de "liberación de género"» ISSN 1989-1970 abril -2023 Full text article https://reunido.uniovi.es/index. php/ridrom, cit., p. 391. ID. «Patriarcado- Gobierno Público, Mujer Romana», *Revista General de Derecho Romano*, n. 38, 2022, pp. 1-34. *Id.* «Patriarcado - Gobierno público - Mujer romana», *Contribuciones al estudio de las acciones populares en el marco del derecho administrativo, fiscal, penal y civil romano* / JUAN ANTONIO BUENO DELGADO (dir.), María ETELVINA DE LAS CASAS LEÓN (dir.), Vol. 1, Tomo 1, 2022 (Derecho Público), ISBN 978-84-1122-806-0, pp. 471-502. *Id.* «Trata, Abuso y explotación familiar de la infancia: desde el derecho romano al derecho medieval de España», *Revista General de Derecho Romano*, n. 40 (2023), pp. 1-38. ID. «Conubium: centinela estatal internacional del matrimonio mixto», *Revista General de Derecho Romano*, n. 41, (2023), pp. 1-36.

97   RUIZ PINO S.; *Régimen jurídico de la adopción* (Córdoba, 2010). Cit., p.151.

98   *D.* 1.7.2.1.

99   *D.*1.7.9.

100 *C.*8.47-48.5.

101 ALBERTARIO, E., «La donna adottante», en *A.G.*, XXVIII, (Bolonia, 1934), p. 170 y ss.

Por lo que respecta a la capacidad para ser adoptado siguiendo a GAYO[102] diremos que en el caso de las mujeres la formula no sería una adrogación pública sino hecha ante el pretor o ante el procónsul y en lo que respecta a los impúberes diremos que si bien en las provincias está permitida, originariamente estuvo prohibida, siendo necesario llegar a la pubertad para ser adoptado, para que se diera la citada adopción de impúberes era necesario que mediara *iusta causa*,y por *iusta causa,* se entendía que el tutor consintiese, estableciéndose que el patrimonio del arrogado le sería devuelto si el arrogante muriese antes de la edad púber de aquel a los que la hubieran recibido de no realizarse la adopción, de la misma forma que el arrogante debe devolverlos si el arrogado se emancipa antes de la pubertad. Antonino Pío establece también que el arrogado no puede ser desheredado ni emancipado sin *iusta causa*, solo pudiendo ser solicitada la emancipación con causa.

La cuestión de la edad distaba mucho de estar clara[103], así se observa casos *contra natura* como sería la adopción de Clodio por Fonteyo, una arrogación cuanto menos chocante, ya en su época, más por otra parte válida y eficaz, sin embargo la cuestión no se encuentra resuelta en absoluto ya que también se encuentran textos en los que la arrogación de una persona de mayor edad por parte de otra de menor edad se ha de hacer con una *iusta causa*[104], circunstancia esta que debía de ser apreciada al tramitar la adopción. En el mismo sentido que lo anterior aunque la adrogación estuviese reservada a aquellos que tuviesen una edad de la que cupiese esperar la imposibilidad de obtención de prole por medios naturales de facto nunca llegó a ser un verdadero obstáculo ni siquiera la ausencia de hijos propios[105] era un impedimento ya que mientras que estos hijos no quedasen perjudicados en su derecho hereditario ni el propio adoptado fuese perjudicado ni disminuido en su derecho al respecto del que le correspondiese si fuese un hijo natural[106].

---

102 *Inst.*, I, 101; Inst., I, 102.
103 *GAI, Inst.* I, 106.
104 *D.*1.7.15.3.
105 *D.*1.7.15.2.
106 *D.* 1. 7. 1. 17. 3.

El derecho romano también recoge la posibilidad a través de esta institución de arrogar al propio hijo que hubiese sido emancipado previamente, volviendo a formar parte de la familia a la que ya había pertenecido[107]. Los romanos también intentaron que la adopción no fuese reducida por algunos sólo a un simple negocio económico, fuera de la motivación principal de esta institución para un romano, que sería la continuidad de la estirpe y el culto familiar; por ese motivo en los casos en los que el arrogado tuviese una posición ventajosa se suele exigir fianza o caución[108], además de la prueba de su afecto hacia el arrogado y la ausencia de intención de enriquecimiento, dado el modo de vida del arrogante del mismo modo que aquel que tutela no puede arrogar al tutelado hasta que éste tenga veinticinco años y hubiese rendido cuentas de manera satisfactoria[109] sólo autorizándose cuando venga motivada por parentesco o por un profundo afecto, teniéndose que examinar si la adrogación conviene económicamente al futuro arrogado y si el arrogante, tiene, o no una edad adecuada para procrear, no siendo autorizada para el que no la tuviese.

Un requisito para ser arrogado era ser ciudadano romano y por lo tanto la adrogación de los libertos estaría en principio prohibida, por contra, se admite la realizada por ingenuos desde época antigua[110]; sólo siendo permitida desde Diocleciano a quienes no tienen descendencia[111]. Se puede afirmar sin lugar a duda que en Roma lo que prevalecía era el concepto agnaticio de familia, siendo el cognaticio algo posterior debido a la influencia del cristianismo, pero que acabó imponiéndose ya con Justiniano.

La adopción en esta época no fue considerada un fin en sí misma y frecuentemente se utilizó con finalidades políticas y económicas e incluso religiosas[112].

---

107   *D*. 1.7.12.

108   *D*.1.7.17.4-5. y D.1. 7.18.

109   *D*. 1.7.17.1-2.

110   Cosentini, C., *Per la storia dell'adrogatio libertorum*, (Napoles, 1948), pp. 4 y ss.

111   *C*.8.47.3.

112   Prevost, M. H., *Les adoptions politiques à Rome sous la République et le Principat*, (París, 1940), p. 72; Gaudemet, J., *Formes et fonctions de*

El hecho de que se le diese continuidad al culto doméstico y que la familia desapareciese y no se diluyese nos orienta hacia una adopción, hecha no ya solamente entre ciudadanos romanos, sino hecha por importantes familias[113]. Tenían en gran estima ambos conceptos; tanto el culto doméstico; como la continuidad de la estirpe familiar, recordemos que al ser la familia romana, primigeniamente agnaticia nada importa la consanguineidad, y por tanto la adopción deviene un instrumento perfecto para la consecución de tal fin, observándose tal práctica entre los miembros más destacados de la sociedad romana; M. Aemilio Lepido adoptó a Livio, T. Annio Milo, de origen plebeyo, adopta a T. Annio Milo Papiano, quién llegaría a ser tribuno de la plebe, Atilio Serrano arroga a Sexto Atilio Serrano Gaviano, también tribuno de la plebe además de cuestor. De la misma forma encontramos adopciones entre los Claudios, Cornelio-Escipiones, Cornelio-Lentulos, Fabios, Silanos, Licinio-Crasos, Licinio-Nervas, Livio-Drusos, Manlio-Acidinos, Pastumio-Albinos, Servilio-Caepiones o Terentio-Varrones[114]. El ejemplo por antonomasia sería la adopción realizada por los césares[115], Augusto, Trajano, Adriano, Marco Aurelio, Commodo, teniendo el ejemplo quizás más vulgarmente conocido en la adopción de Bruto por Julio Cesar. La relación entre César y Bruto resulta francamente curiosa. Bruto fue adoptado por César y nombrado gobernador de la Galia Cisalpina y pretor en Roma. Sin embargo, participó en algunas conspiraciones contrarias al gran Julio. De la primera liderada por Pompeyo salió bien parado al recibir el perdón; pero su intervención en el asesinato de César en las puertas del Senado durante los *idus* de marzo del año 44 a.C. fue castigada por Augusto. Bruto y Casio, los líderes de la conspiración, se trasladaron

---

l'adoption dans le monde Antique, pp. 18 y ss. Pitzorno B., *L'adozione privata,* (Perugia, 1914), p. 16 y ss.

113 «Con acierto se ha afirmado que la historia de las más grandes familias romanas, Escipiones, Fabios, Césares, es una historia de adopciones. No obstante, mientras permanece la supremacía de la familia agnaticia sobre la cognaticia, lo cual fue evolucionando desde el derecho clásico hasta su práctica desaparición en derecho justinianeo»: Ruiz Pino S. *Régimen jurídico de la adopción*, (Córdoba. 2010). cit. p. 121.

114 Ruiz Pino S. *Régimen jurídico de la adopción*, (Córdoba. 2010). p. 135.

115 Otero Valera, A., *La Adopción en la Historia del Derecho Español*, p. 86 y ss; Prevost, M. H., *Les adoptions politiques à Rome sous la République et le Principat*, p. 71 y ss.

a tierras asiáticas donde Octavio libró con ellos la batalla de Filipos, obteniendo el futuro Augusto la victoria junto a Antonio. Viendo perdido todo, Bruto se suicidó.

Se puede concluir que la adopción, en cierta medida, era un medio utilizado con fines políticos (en el caso de la arrogación), o con fines económicos (como fuerza de trabajo que se incorpora y apoya las labores del grupo en la *adoptio*), pero en nuestra opinión, así como no somos participes de calificar la ya citada *perfiliatio,* como un contrato patrimonial, tampoco lo seremos de calificar a la adopción, entendida esta como término extenso y sinónimo de la *adrogatio* y *adoptio* como una institución que provoca la sucesión en el cargo político o incorpora a un trabajador a un grupo si bien no sería cuanto menos pueril, no constatar el hecho que el poder e influencia de las múltiples familias y de sus respectivas clientelas sí que a la postre producen este efecto, que por otra banda no es atribuible a la adopción[116].

4.2. La *adoptio*

La *adoptio strictu sensu* era una institución para el Derecho romano muy diferente de la *adrogatio* por más que hoy en día le atribuyamos, no sin razón, múltiples similitudes. Siendo un acto por el cual un *alieni iuris* sale de su familia originaria para entrar a formar parte de otra, esta institución no tiene connotaciones religiosas, ya que no desaparece un culto doméstico y, por ende no es tan garantista, formalista, ni sacramental como la adrogación; no siendo atribuida a los comicios curiados sino al magistrado o pretor; pudiendo ser otorgada en todos los lugares en que hubiera magistrado[117] o en las provincias ante el gobernador, sin requerirse, en ningún caso, la investigación previa o estudio sobre la oportunidad del acto.

Para dar en adopción a un hijo se procedía a realizar una serie de actos en diversas etapas:

---

116 En tal sentido vid la opinión de PREVOST M. H., *Les adoptions politiques à Rome sous la République et le Principat*, cit., p. 28 y ss.

117 Con plena jurisdicción y realizada ante imperio *magistratus*.

En la primera etapa, «el padre lo vendía tres veces seguidas, a un tercero, con el *pactum fiduciae* de manumitirlo[118], siendo solo necesario una simple emancipación cuando el dado en adopción era un nieto o una hija, para ello, se aplicaba el precepto de la ley decenviral que sancionaba el uso abusivo por el *pater familias* del *ius vendendi»*[119].

En una segunda etapa el adoptante reclama como suyo al adoptado ante el pretor quien, si el antiguo *pater* no se oponía, le era concedida la potestad sobre su nuevo *filiusfamilias* que seguía siendo un *alieni iuris,* pero bajo la potestad de otro paterfamilias.

---

118 RODRÍGUEZ ENNES, L., *Bases Jurídico-Culturales de la institución adoptiva,* 1978, p. 55 y ss

119 *Si pater filio ter venum duit, filius a patre liber esto.*

5.

LA ADOPCIÓN EN ÉPOCA CLÁSICA

A comienzos de esta época la *adrogatio* y la *adoptio* permanecieron inmutables si bien progresivos pero imparables cambios hicieron que a finales de esta la naturaleza de tales instituciones se viese profundamente afectada al igual que el propio concepto de familia estaba ya ineludiblemente afectado por la influencia helénico-cristiana. La adrogación por su parte se ve modificada en la substitución de los Comicios Curiados por treinta *lictores*[120] y si bien se continúa con la formula *adrogatoria* formalmente, de facto la autorización popular no tenía ya relevancia ni valor en la realización de tal institución.

La *adoptio* por su parte continuó inmutable siendo elevada a derecho de todo el imperio en el año 212 merced a la entrada en vigor de la *Constitutio Antoniniana*.

Con todo y como tendremos ocasión de señalar, *adoptio* y *adrogatio* van a sufrir cambios transcendentales en el periodo justinianeo, debido sobre todo a la irrupción del cristianismo como religión oficial del Imperio y de la definitiva erradicación del parentesco agnaticio y substitución por el cognaticio.

---

120 Rodríguez Ennes, L., *Bases Jurídico-Culturales*, (Santiago de Compostela, 1978). P. 52.

5.1. Intervenciones pretorias

En la institución adoptiva el adoptado rompía lazos con su antigua familia pasando todo su patrimonio a manos del *pater* a través de una *sucessio in ius*. Era como un nuevo nacimiento bajo otra familia para el adoptado, con lo que sus antiguas deudas dejaban de existir.

Esto producía una absoluta indefensión de los acreedores que es solventada por la intervención del pretor.

En época clásica el pretor concede una especie de fictio iuris al acreedor frente al arrogante para evitar el injusto perjuicio causado por la arrogación.

En la adopción propiamente dicha el adoptado, como hemos dicho, rompía lazos con su antigua familia cosa que podía colocarle en una difícil situación si era emancipado por su nuevo *pater* ya que perdería los derechos hereditarios de su nueva familia al igual que había ocurrido con la primigenia al entrar en ésta. Tal situación es solventada por el pretor quien toma en consideración para solucionar tal conflicto el nuevo concepto de familia heredado de las nuevas concepciones heleno-cristianas. No entra en desacuerdo con la norma hereditaria del varón agnado, esto es; los varones de cada familia que se encuentran bajo la potestad del *pater*, pero usa el nuevo concepto cognaticio para decir que el adoptado no rompe con su familia natural y que sigue perteneciendo a la misma en calidad de cognado[121].

---

121 WATSON, A. *The Law of Persons in Later Roman Republic*, (Oxford, 1967).

6.

BAJO IMPERIO

Fue en la etapa postclásica donde la adrogación y la adopción se transformaron profundamente debido a la cada vez más profunda influencia heleno-cristiana donde el concepto agnaticio es postergado en pro del concepto cognaticio de familia y donde la patria potestad con los excesos propios de la época arcaica ni siquiera es mencionada, solo recogiendo el derecho que el adoptado tiene a la asistencia y a la sucesión por parte de su nueva familia[122]. Cambia el centro de gravedad de la figura del adoptante al adoptado, tal y como queda reflejado en la legislación justinianea pasando a ser consuelo de matrimonios sin hijos[123].

Las instituciones de la *adrogatio* y la *adoptio* siguen estando todavía separadas en esta época, pero con un significado y una formalidad muy lejanos a los de la época arcaica; así la adrogación pasa a ser un proceso privado flexibilizando con ello sus formalidades y la adopción se convierte en un instrumento para la creación de un vínculo ficticio pero con fines benéficos y de acogida y no ya simplemente como una mera incorporación de necesaria fuerza de trabajo a la familia.

---

122 AMELOTTI, M. *Per l'interpretazione della legislazione privatistica di Diocleziano,*(Milan, 1960), 109 y ss

123 D´ORS, A., *DPR*.

6.1. La *adrogatio per rescriptum principis*

El emperador asume así mismo la condición de *Pontifex Maximus* dentro del Imperio con lo que los impedimentos de naturaleza religiosa desaparecen para que se de esta nueva modalidad de adrogación que sustituirá la primitiva *adrogatio per populum*. Ya se observan referencias documentales de esta nueva forma de adopción en época de DIOCLECIANO y MAXIMIANO[124], si bien algunos autores creen que estos textos pudieran haber sido interpolados, ya que la *adorogatio per populum* es mencionada en fuentes posteriores[125]. por lo tanto, se puede llegar a concluir: que ambas instituciones estuvieron vigentes; conviviendo durante algún tiempo, ya que también según el autor citado, mientras el colegio pontifical estuvo vigente también lo estaría la primigenia forma de adrogación, que no desapareció hasta que el cristianismo y afianzó su victoria sobre las otras religiones o sobre los cultos paganos. Los pontífices por su parte podían avocar su concesión en las provincias.

El cristianismo también influyó notablemente en el cambio de un concepto agnaticio de familia a uno cognaticio, perdiendo por lo tanto ese marcado carácter político y religioso que la antigua adrogación tenía, siendo ahora una mera *fictio iuris* por la que se crea un vínculo de parentesco; convirtiéndose en un sencillo acto administrativo, muy lejano a las solemnidades sacramentales de la antigua adrogación calificado por autores como A. FERNANDEZ DE BUJÁN de acto administrativo romano[126], atreviéndonos a calificarlo como un acto a medio camino entre lo público y lo privado. El *status civitatis* es cambiado, afectando al *ius publicum* y las repercusiones que este cambio tiene también tienen su reflejo en el ámbito interno familiar, al que se le anexionan nuevos *filiusfamilias*. Así pues, la arrogación se ve desprovista de su carácter sagrado, siendo su tramitación por rescripto un mero trámite jurídico.

---

124   *C.* 8.47-48.2: «la arrogación hecha por indulgencia del príncipe es válida insinuada ante el pretor, del mismo modo que si hubiese sido hecha por el pueblo con arreglo al derecho antiguo»; *Vid.* también: *C.* 8.47-48.6 y 8.

125   Como serían el Epítome de GAYO y la *Lex Romana Visigothorum*.

126   *Derecho administrativo histórico*, (Santiago de Compostela, 2005).

6.2. La *adoptio tabulus copulata*

La *adoptio* es mantenida en su forma original incluso desde DIOCLECIANO, probablemente debido a la precaria situación económica que hizo que, la venta de hijos evitara que fuesen expósitos. JUSTINIANO confirmó la autorización para la venta, pero solo en casos de extrema pobreza. Esta institución pervive como un vestigio anacrónico, muy diferente a la situación o conceptos sociales de la época en la que todavía sobrevivía. Esto era incomprensible en las provincias más orientales en las que la adopción nada tenía que ver con el concepto de patria potestad por la que se manumitía tres veces a un hijo, sino que era un modo artificial de crear un vínculo familiar, debido a ello se trató de cambiarlas o substituirlas, ya en época postclásica por una noción nueva de la institución adoptiva como sería la *adoptio tabulis copulata*, que no sería más que un convenio entre los dos padres y el adoptado ante el magistrado o tabelión; declarando su voluntad, no oponiéndose o asintiendo el adoptado. Esta nueva fórmula que se acaba imponiendo es mucho más sobria, clara y natural que la anterior fórmula decenviral; fue inspirada en la práctica que se venía realizando, no colocando al hijo en una anacrónica posición de *filiusfamilias* bajo la potestad del *pater*, sino que lo integra como un miembro añadido a la familia y sucesor del adoptante.

6.3. La *adoptio in fratrem*

A fines del siglo II en el oriente del Imperio aparecieron tablillas en babilónico-semítica *(akkada)* que dan testimonio de tal aparición. Erróneamente fue tipificada como una adopción, por cuanto debiese ser incluida en los contratos de sociedad, de ahí que fuese declarada ilegítima. DIOCLE-CIANO proclama la nulidad de la *adoptio* así realizada por no tener relación con la adoptio, siendo incluida como adopción cuando nunca debiese ser calificada como tal.

Quizás lo más chocante de esta institución es la referencia expresa que esta figura hace a la venganza de sangre, que es la obligación de dar muerte a quién se la hubiese causado a la otra parte contratante. Nos atrevemos a decir que es quizás el único contrato que podemos encontrar que fue calificado como de derecho de familia con tal condición.

En Oriente la venganza de sangre responde a una determinada finalidad sucesoria muy lejana a las concepciones que tenemos hoy en día.

Pese a la nulidad de la institución decretada por DIOCLECIANO, la cuestión es de sumo interés, siendo ésta una clara muestra de la coexistencia del Derecho romano incluso bajo el Edicto de Caracalla, con otros derechos ya presentes desde antaño en las provincias romanas.

6.4. Adrogación de impúberes y mujeres

Comenzaremos a tratar en primer lugar de que la desaparición de la prohibición de arrogar impúberes fue fijada en una constitución de Antonino Pio dirigida a los pontífices, que presidían con facultades discrecionales las arrogaciones[127].

Pese a estar permitidas se actuaba con gran cautela frente a ellas y solo eran permitidas con justa causa[128].

Esta vaga e imprecisa legislación es mejorada por Justiniano, más sin poder precisar hasta qué punto, pues es tan abierta la legislación precedente que se antoja imposible fijar con claridad lo realmente añadido.

La nueva regulación prohíbe sin justa causa arrogar a quién no tuviese, al menos, sesenta años. También prohíbe, a los tutores, arrogar a los impúberes para no eludir las responsabilidades inherentes a su cargo, si no es éste el que arroga se exigirá su autorización para tal arrogación.

Se prohíbe a los que ya tienen hijos que se realice la arrogación de un impúber para no perjudicar a los hijos naturales en sus legítimos derechos hereditarios.

Para que pudiese arrogarse a un impúber había que justificar que tal adrogación sería beneficiosa y para que se acabase de confirmar el legislador exige que tal beneficio o utilidad sea confirmada a juicio, de sus familiares, estudiándose

---

127 RODRIGUEZ ENNES, L. *Bases Jurídico-culturales de la institución adoptiva*, (Santiago de Compostela, 1978). Cit. p.69.

128 GAYO 1, 101.

previamente la trayectoria moral u honradez del adoptante y su patrimonio. Lo que haría que se mirase con recelo la adopción de un impúber rico por alguien cuyo patrimonio fuese notablemente inferior.

Si el impúber arrogado muriese es establecido que su patrimonio no pase a manos del arrogante, sino que permanezca a disposición de los que lo habrían de recibir de haber permanecido éste *sui iuris*, es decir como si la arrogación nunca se hubiese celebrado, al igual que ocurre si es emancipado durante su pubertad o su arrogante muere durante la misma.

Alcanzada la edad púber el arrogado está legitimado a pedir su emancipación que le será concedida siempre que esté justificada.

El arrogante, por su parte, no puede desheredar o emancipar al arrogado sin justa causa, si esto se produce además de restituirle en su patrimonio originario, habría de indemnizarlo con una cuarta parte del suyo propio[129].

En lo que respecta a la adrogación de las mujeres, la doctrina no es unánime[130], algunos afirman que procede de la influencia heleno-cristiana venida de oriente y que se puede observar ya con Diocleciano[131].

BONFANTE dice que es la «innovación más grave que deforma el concepto» y esto es debido a que el hecho de que una mujer pudiese adoptar va en contra de todo el derecho romano clásico y en contra del originario concepto de familia, siendo considerado un sacrilegio frente a las antiguas costumbres.

La innovación que los cambios sociales producen se refleja en el derecho de familia, siendo un reflejo de la nueva voluntad y orientación de la adopción hacia un substituto de la

---

129 Modificación introducida por ANTONINO PIO: «*Quarta divi Pii*».

130 Tal posibilidad no aparece documentada con seguridad hasta una constitución del año 527 del emperador Anastasio. Sin embargo, la opinión dominante: FERRINI, BONFANTE, BUCKLAND, COSTA, PEROZZI, ARANGIO-RUIZ señalan su origen en un rescripto de Diocleciano del año 291. Por el contrario, RICCOBONO cree que constituye una innovación del ius *novum* por cuanto se limita a reproducir el texto de las Instituciones de Justiniano, 1, 11, 10: RODRIGUEZ ENNES, L. *Bases Jurídico-Culturales*, (Santiago de Compostela, 1978). cit. p. 70.

131 *C.* 8,47, (48), 5.

filiación natural mediante la introducción del principio *adoptio naturam imitatur*[132], sin observarse las desnaturalizadas finalidades presentes en época clásica, con el sencillo motivo de otorgarle descendencia a quien ha sido privada de ella.

---

132   *Inst.*, 1, 11, 4.

7.

ADOPTIO EN DERECHO JUSTINIANEO

7.1. El nuevo concepto de familia

Con Justiniano eclosiona un nuevo concepto de familia y unas modificaciones que paulatinamente se habían desarrollado ya desde finales de la época clásica y durante toda la época postclásica.

Los cambios ya han sido señalados a lo largo del presente estudio siendo sin duda, en nuestra opinión el más importante, la desaparición de la patria potestad tal y como era entendida en el derecho romano arcaico para pasar a un concepto de patria potestad más acorde con la piadosa moral cristiana en la que, extralimitaciones como el *ius vitae necisque,* se observan ya repugnantes.

El cambio ha sido profundo si bien socialmente ya había aspectos legales que resultaban «repugnantes» tal y como declara Cicerón al respecto de la adopción de Clodio por Fonteyo debido a que se considera ilógico que el padre, aunque sea adoptivo, sea más joven que el hijo; siendo un concepto *contra natura,* pero jurídicamente válido, no obstante. Tal estado de cosas fue mantenido hasta la compilación justinianea.

A mayor abundamiento, el aspecto geopolítico y la sucesiva orientalización de la capital del Imperio tras la caída de

Roma y el auge de Constantinopla[133], junto con el auge del cristianismo son los pilares sobre los que se asienta este cambio. Es culminado con **JUSTINIANO**, quien, y disculpándome por la licencia metafórica con la Real Academia de la Lengua Española «limpia fija y da esplendor» a la legislación romana de la época, fijando lo que solo estaba en la moral social como el principio *adoptio naturam imitatur* y otorgándole los fines que también ya presentes en la moral de la época a esta institución, pero de una manera legal y no moral o implícita.

Siendo el *Ius Novum* un acertado reflejo legislativo de la moral imperante en la época fijándose un concepto de familia[134] prácticamente igual al que tenemos hoy en día.

7.2. El principio *adoptio imitatur naturam*

Este principio es la base de la regulación adoptiva en la normativa justinianea, buscándose no implicaciones políticas, religiosas o económicas, sino la simple finalidad afectiva con una paternidad natural. En nuestra opinión el hecho de que permitiese a los que son incapaces de engendrar no va en contra de este principio ya que, de hecho, son incapaces para engendrar, pero no lo son para criar; siendo este último punto algo que sí que los incapacitaría para la adopción, sin obviar, que son los sujetos más indicados para adoptar por lógica.

Continuando con este orden de razonamientos que se basan en la aplicación de este principio en época justinianea diremos que el adoptado ha de ser dieciocho años mayor que el adoptante, también se prohíbe adoptar al que previamente se ha emancipado o dado en adopción o lo que es lo mismo, no se puede adoptar dos veces a la misma persona.

---

133 En tal sentido *vid.*: BIONDI, B. *Giustiniano en Iura*, 16, 1965, pp 1 y ss; DE MALAFOSSE, F. *La loi et la coutume a Byzance, Travaux et recherches de l'Inst. de Droit Comparé* de l'Univ. de París, 23, 1962 pp 60 y ss; D'ORS, A. *La actitud legislativa del emperador Justiniano, orientalia christiana periódica*, 13, 1947. VOLTERRA, E. *Diritto romano e diritti orintali*, (Bolonia, 1937).

134 *Nov.* 18.

Los hijos naturales no pueden ser adoptados. Esta prohibición tiene su justificación siguiendo a JANEAU[135] en la intención de la moral cristiana que intenta acabar con el concubinato, dándole al progenitor este *Idus Novum* solo dos opciones, o dejarlos que permanezcan sin reconocer o legitimarlos.

Las medidas tendentes a proteger al arrogado son varias ya en época justinianea[136]:

1. No podrá adoptar quien tenga menos de sesenta años excepto que su estado de salud induzca a creer que podrá tener hijos por propios medios.

2. Aquellos que tuviesen hijos propios.

3. El pobre no deberá adoptar al rico salvo que especiales circunstancias de honorabilidad y afecto concurran en el caso.

4. Del mismo modo que el anterior el tutor no podrá adoptar a los pupilos.

5. No se podrá adoptar a los hijos habidos fuera del matrimonio como explicamos anteriormente.

6. Los magistrados estudiarán, con sumo cuidado, las circunstancias, condiciones, patrimonio y moralidad de las adopciones de impúberes otorgándosele discrecionalidad al magistrado para evaluar la adecuación de tal adrogación.

7. En cuanto a la forma el consentimiento del arrogado ha de ser expreso.

8. No se permite arrogar a más de una persona.

En cuanto a los efectos patrimoniales de la adopción decir que todos los bienes del adrogado pasan al arrogante según el ius novum[137].

---

135 *Cfr. Constantin et la prohibition d´adrogar les «naturales».* cit. p. 131.

136 *Cfr. Bases Jurídico-Culturales de la institución adoptiva.* (Santiago de Compostela, 1978). pp.79.

137 Esto se denominaba «successio per universitatem»: en tal sentido *vid*: TORRENT, A. «La adrogatio en el sistema de las sucesiones universales inter vivos».1967. pp. 447 y ss.

7.3. La adopción «plena» y «menos plena»

Con el *Ius Novum* la adopción deja de ser una institución orgánica que produce la pertenencia a una agrupación familiar para convertirse en una ficción jurídica, que es justificada con el aforismo *imitatur naturam* para justificar esta institución; muy lejana ya a la *datio in adoptionem* propia de la cultura romana y que evoluciona hacia un fin más filantrópico y acorde con la cultura heleno-cristiana.

La adopción en términos generales es una figura diferente de la *adrogatio* o arrogación como hemos visto a lo largo de nuestro estudio, pero es Justiniano quien diferencia según la persona del adoptante entre adopción plena y adopción menos plena; correspondiéndole la plena a aquellos adoptantes que tienen una relación de consanguineidad con el adoptado, ya sea por ascendencia materna o paterna. La *minus plena* que es realizada por un extraño o persona que no guarda vínculos de consanguineidad con el adoptado[138].

Ya se ha mencionado en este estudio que, es Justiniano quién hace prevalecer los vínculos cognaticios con el fin de proteger al adoptado, acabando así con la el efecto esencial de la antigua *datio in adoptionem* que era, el de pasar de la potestad o de la familia de un *pater* a otra rompiendo vínculos con su familia originaria, así pues el adoptado permanecería ahora por regla general en la familia natural y bajo la potestad de su paterfamilias biológico, por lo que no pasaba a formar parte de la familia que lo adoptaba *de facto* ni *de iure* en términos absolutos. estableciéndose frente al adoptante un derecho de sucesión como si hubiese sido hijo natural como principal efecto de esta adopción junto con la recíproca obligación de alimentos.

La *adoptio minus plena* ya no significa una incorporación de un nuevo miembro a la familia si no una filiación artificial siendo calificada como una «auténtica revolución» extinguiendo por completo el antiguo concepto de adopción, para nosotros esta adopción menos plena sería no una adopción en sí mismo sino una institución de heredero de persona ajena a la familia natural ya que el fin último de esta institución era proporcionarle una parte o el total de su herencia,

---

138   *Inst.* I, 1, 11, 2.

L. RODRIGUEZ ENNES ejemplifica la situación, diciendo que cuando un *pater familias* da en adopción a uno de sus nietos, aun haciéndolo a un extraño, ese nieto no pierde ningún derecho sucesorio en su familia de origen en la que se encontraría precedido por su padre vivo[139].

---

139 RODRÍGUEZ ENNES, L. *Bases jurídico-culturales de la institución adoptiva*, (Santiago de Compostela, 1978), cit. p. 81.

8.

LA ADOPCIÓN EN EL DERECHO INTERMEDIO

8.1. Derecho Intermedio

UGO GUALAZZINI sostiene que con el cristianismo toda finalidad pagana de la adopción es suprimida y ésta asume otro carácter[140]. En el Medievo, la adopción se considera como el único medio que se podía emplear para el mantenimiento de la *domus*. Venida a menos, con el fin de los cultos paganos; la necesidad de perpetuar en el tiempo los cultos sagrados y religiosos de la familia, no se olvidó de adaptar la institución a las necesidades religiosas y sociales de la Iglesia. El abandono de los bienes terrenales predicado por el cristianismo. El mayor valor de lo ultraterreno, favorecieron las donaciones y las liberalidades en favor de la Iglesia. La familia natural representa el objeto de atención de la Iglesia cristiana. De este modo, los Padres de la Iglesia y los ministros de los fieles cristianos favorecieron la adopción porque era un instrumento idóneo para consolidar a la familia y para facilitar, al mismo tiempo, a los creyentes la posibilidad de participar en las riquezas de la iglesia y de sus instituciones.

En consecuencia, la adopción no teniendo más fines sacros o paganos, sirvió para alcanzar finalidades religiosas; cristianas desde la aprobación del cristianismo por el edicto de Milán de CONSTANTINO (313 d. C.). Incluso, la Patrística

---

140 GUALAZZINI U., s.v.: «Adozione (Diritto Intermedio)», en *NDI.*, (Turín, 1957), p. 288.

del Bajo Imperio utilizó la adopción para intentar captar donaciones en favor de la Iglesia[141]. Ya en el hablar figurado de los Padres de la Iglesia se menciona la *uxor*, de la *mater* y de la *filia*, etc. Asimismo, los cristianos son llamados *fratres*. También el pontífice, o quien ejercitaba paternidad espiritual, recibe el apelativo de *pater*. Primero, la Patrística, y, la Iglesia después, cambiaron voluntariamente imágenes y conceptos propios de la familia natural para definir relaciones y situaciones de jerarquía de la comunidad de fieles. S. AGUSTÍN sostuvo que Dios *«unicum eundem ipsum quem genuerat et per quem cuncta creaverat, missit in hunc mundum ut non esset unus, sed fratres habere adoptatos»*[142]. De tal manera, el Unigénito tenía muchos hermanos adoptivos non corpore, que, con él, habrían debido ser coherederos en la herencia *coelestis*. La naturaleza adoptiva de Jesucristo es con todos los hombres, es decir, el padre, el hijo y el nieto. El testador tiene la posibilidad de considerarle, desde el punto de vista jurídico, no tanto como un hermano adoptivo propio, más como un hijo adoptivo propio y hermano adoptivo de sus hijos legítimos. De esta manera, parece lógico considerar, a los fines sucesorios, a Cristo junto a los demás hijos legítimos del padre de familia. Este pensamiento de los Padres de la Iglesia contribuyó a que parte de los bienes de la familia pasasen a la Iglesia, y a su vez, a la comunidad de los fieles. De esta manera el adoptado podía ser tratado de la misma manera que los hijos legítimos. Esta forma de *adoptio in hereditatem* viene definida como *adfilatio*. De esta forma, esta institución es una especie de adopción impropia, que cumple fines religiosos, y que se puede utilizar en los casos que otras personas sean llamadas a suceder en la parte del hijo. Incluso, algunos historiadores del derecho, véase, UGO GUALAZZINI, han creído ver en la *adfiliatio* la continuación de la adopción clásica romana[143]. Con todo, es posible sostener que la *adfiliatio* se utilizó en el Medievo para indicar la adopción. Esta es diversa de la adopción romana y de las formas germánicas, porque no producía patria potestad sobre el *affiliato*, ni creaba una relación de parentela (agnación) ni venía excluida por la presencia de otros hijos naturales. De ella surgieron, por el contrario, efectos: bien personales, bien

---

141 *Ibíd.*, cit. p. 288.
142 S. AGUSTÍN, Johan. Evang., I, 2, 13.
143 GUALAZZINI, U., s. v. «adozione» cit. p. 289.

de contenido patrimonial. La *adfiliatio* además se podía hacer de personas físicas y jurídicas, y, generalmente, en favor de la Iglesia. La *adfiliatio* se podría realizar *ante iudicem* y *ante curiam*, y de hecho fue posible utilizarla para la constitución de dotes, de *donationes propter nupcias* y de *donationes inter vivos*. Sin embargo, si en el Derecho Romano, al decir de Ulpiano, «*iure proprio familiam dicimus plures personas, quae sunt sub unius potestate aut natura aut iure subiectae*»[144], en el Medievo domina la familia natural, y, por ello, todas las instituciones del derecho de familia deben ser entendidas bajo este nuevo perfil. A los *adfiliati* se podían unir los hijos nacidos de descendencia legítima, no siendo éstos un obstáculo para el ingreso en la familia de los primeros.

Por su parte, el Breviario de Alarico también nos da a conocer la institución de la *adfiliatio*:

Si moriatur quis et relinquat matrem et fratrem consanguineum, id est, uno patre natum vel etiam adoptivum id est gestiis ante curiam affiliatum, qui consanguinei (...)[145].

Véase también el Epitome Gaii, 1, 4, 1: «*Sed non omnes personas uxores ducere licet: quia nec patri filiam, nec filio matrem, nec avo neptem, nece nepoti aviam. Quod non solum de personis, quae nobis proprinquitate coniunctae sunt, sed etiam vel adoptiviis, hoc est affiliatiis, iussum est observari*».

De acuerdo con estos textos es de suponer, al decir de PITZORNO, la existencia de un *adfiliatio* pública y otra privada, aunque en el Epítome Gaii no se mencione la *adfiliatio ante curiam*[146]. Sin embargo, de un modo convincente, BRAGA DA CRUZ ha sostenido que «estos textos no quisieron establecer igualdades entre adoptio y *adfiliatio*, sino que, como la *adfiliatio* debía estar muy difundida y sus efectos eran los de una verdadera adopción, el legislador quiso explicar la palabra *adoptio* equiparándola a *adfiliatio*, sin pretender significar que una y otra eran la misma cosa»[147].

---

144   *D.* 50, 16, 195, 2.

145   Interpretatio, *CTh.* 5, 1, 2.

146   PITZORNO, B.,*L´adozione privata*, (Perugia, 1914), p. 122, n. 2

147   BRAGA DA CRUZ, G. *Algunas consideraçoes sobre a perfilatio*, en B.F.D. C. (1938) p. 408 ss.

Parece evidente que en ambos textos jurídicos del Derecho romano postclásico vulgar se establece una cierta equiparación, o al menos, homologación entre la adopción romana y la *adfiliatio* visigoda. Por ello, es indudable que ambas instituciones son muy semejantes y debían producir efectos afines. Según cree OTERO VARELA[148], el Breviario y el jurista anónimo del Epitome Gaii explican una por medio de la otra: *«vel adoptiviis, hoc est affiliatiis»*.

Equiparación que se reporta también por la Epístola *Episcoporum Hispaniae ad episcopos Franciae* del año 792 d. C., y en las glosas del alto medievo del siglo X d. C.[149].

Sin embargo, es de justicia subrayar que la *adoptio*, al menos cuando comenzó a afirmarse el carácter natural de la familia romana, no admite prole natural en concurrencia con la prole adoptiva. Sin embargo, en esta época del *Ius Commune*, a causa del intenso interés de los juristas medievales y de los juristas de la Iglesia por las fuentes del Derecho Romano-Justinianeo, la *adfiliatio* viene a decaer, pues resultan muy frecuentes, en la práctica, las llamadas adopciones de hecho *(adoptiones non iure factae)*.

Por otra parte, como hemos señalado anteriormente, Justiniano transformó sustancialmente la adopción. Justiniano distingue: la adopción de un *filiusfamilias* hecha por un ascendiente, de la adopción efectuada por un extraño. En el primer caso, aquella tenía el efecto tradicional, es decir como *adoptio plaena*, que consiente al adoptado ser equiparado, a todos los efectos, al hijo procreado. En el segundo tratándose de adopción *minus plena*, no disuelve la patria potestad del padre natural, pero consiente al adoptado suceder en el patrimonio familiar del adoptante. De este modo Justiniano, transformó la adopción y la dio una nueva base. Por su parte, el *Ius Commune* sigue en este punto el Derecho de Justiniano, en cuanto las normas germánicas se presentan como inciertas e imprecisas y con apoyos en otros presupuestos. La inexistencia del testamento en los derechos originarios de los pueblos germánicos habría sugerido la oportunidad de encontrar el modo de insertar en el ámbito de los herederos

---

148 OTERO VARELA, A., *La adopción en la Historia del derecho español*, Tomo II, (Madrid, 2005), p. 33.

149 Concretamente en LOEWE-GOETZ, *Corpus glossariorum*, Lipsia, 1888, IV, p. 162, 50: s.v. *adoptio-adfiliatio, adoptat-adfiliat*, y también en IV, p. 303, 56 y p. 344, 44.

legítimos a los extraños en el grupo familiar. En este sentido, según nos informa **GUALAZZINI**[150], **PAPPENHEIM** ha sostenido que por medio de la adopción *(Wahlkindschaft)* o del hermanamiento *(Wahlbruderschaft)* el derecho germánico consintió el ingreso de un extraño en una familia.

De este modo, en el antiguo derecho germánico, la parentela oficial podía ser creada, además que, con el matrimonio, con otros actos, ya mediante el ingreso de un extraño en la *sippe*, en el círculo amplio de la familia gentilicia, ya mediante la constitución de un vínculo ficticio de filiación o fraternidad, o hermandad; esto es por medio de una adopción o de una fraternidad artificial, con lo cual un extraño entraba a formar parte del círculo restringido de la casa[151].

Por su parte, **BRUNNER-SCHWERIN** sostiene que en los sistemas jurídicos de Noruega y Suecia se prevé la entrada de un extraño en la estirpe familiar de la *sippe* por medio de la llamada introducción en la genealogía. La fraternidad artificial serviría para la asunción de derechos y deberes entre los hermanos[152].

Por ello, **OTERO VARELA** cree que «en varios troncos, como los de los francos, longobardos, ostrogodos, burgundios y en los germánicos del norte, es comprobable también la adopción, por la que el adoptado se introducía en la comunidad doméstica del padre adoptivo. El acto de la adopción se realizaba en forma determinada, consistente en que el padre consanguíneo entrega al hijo al padre adoptivo, sobre el que éste emprendía otros actos que, por intervenir, además, el padre natural, daban expresión jurídica a la relación paterna. Actos de tal carácter fueron usuales en la adopción»[153].

Esta teoría, sin embargo, ha sido contestada por **PITZORNO**[154], quien piensa que la vida de la adopción entre los antiguos pueblos germánicos, además de la comparación etnológica, es deducida también por algunas formalidades que acompañaban especiales negocios jurídicos. De esta

---

150 GUALAZZINI, U., cit. p. 289.

151 PAPPHEIM, M. «Ueber Küenstliche Verwandtschaft», en *ZRG*. 29, p. 208.

152 BRUNNER-SSCHWERIN, *Historia del derecho germánico*, (Barcelona, 1936), p. 13.

153 OTERO VARELA, A., *La adopción*, cit., p. 33.

154 PITZORNO, B., *L'adozione privata*, cit. p. 82.

forma, la *perfilatio* se utilizó para agregar a un extraño a un consorcio político familiar. Además, este autor sostiene que las relaciones familiares no podían ser de naturaleza civil, pero se limitaron a determinar ciertas condiciones indispensables para la elevación del adoptando al rango social del adoptante, sin incidir en la esfera jurídica privada de los intereses. De hecho, como apunta **Ugo Gualazzini** no parece lógico retener que efectivamente, por ejemplo, la *afattomia* franca que efectivamente operaba en el campo patrimonial, fuese realmente una *adoptio in hereditatem*, y que lo fuese también la *thingatio* germánica[155].

8.2. Referencia especial a la figura de la *perfilatio* como una figura pseudo-adoptiva

En el Medievo, la adopción se produce por motivos económicos para designar a alguien como heredero o transmitirle sus bienes, generalmente, *post mortem*, siendo prohijadas personas por iglesias o monasterios[156] de manera, puédase decir, habitual. Viéndose al respecto figuras como los *fratres* de *parthone* o condóminos sobre un mismo prado, siendo por lo común algo más propio de la época post-romana o medieval[157].

Etimológicamente sería esta una deformación de la palabra adfiliatio, referida a la afiliación o prohijamiento, siendo esta entendida como una *adoptio in hereditatem* por la mayoría de la doctrina; excepto por **Pitzorno**, quien fijó su origen en prácticas romano-vulgares y no en una *adoptio in hereditatem* de origen germánico[158]. Diferenciándose ambas figuras en su naturaleza, ya que la *adffilatio* es privada y ésta es pública, hecha con el único fin de suplir la ausencia de hijos naturales[159].

155 Ugo Gualazzini, s.v. «adozione» cit. p. 289.

156 D'Amelio, *Sulle origini dell'istituto della affiliazione, Studi Calisse, III*, pp. 332.

157 «Así la palabra affiliare aparece como sinónimo de donar», Rodriguez Ennes L., *Bases Jurídico-Culturales*, (Santiago de Compostela, 1978), cit. p. 103.

158 Pitzorno, *L'adozione privata*, Perusia, 1914.

159 El nacimiento de un hijo natural provocaba la inmediata extinción de los efectos de la *perfiliato* y que es utilizado por Pitzorno para defen-

La *adfiliato* por su parte no produce la patria potestad, ejercida por la iglesia sería una consecuencia impensable que se produjese sobre un individuo el sometimiento a la patria potestad de la iglesia o Dios, si bien, en términos religiosos, lo sería nunca en términos jurídicos.

Al ser las disposiciones testamentarias a favor de la Iglesia algo común no sería extraño siguiendo a PITZORNO que se utilizase el término *adfiliatio* para designar cualquier adopción no personal del Derecho Romano[160]. Por su parte SHUPFER rebate la tesis de PITZORNO diciendo que la *adfiliato* podía predicarse de relaciones jurídicas diversas: patrimoniales, e incluso espirituales, como las indicadas en las fuentes cristianas[161]. A mayor abundamiento BRAGA DA CRUZ apoya la tesis de SHUPFER resaltando el fin didáctico que la comparación entre la *adfiliatio* y la *adoptio* tienen en el Código Teodosiano como en el Epítome[162] *«falam da adoptio, e depois, para melhor compreensâo do povo, comparam-na a una adfiliatio»*[163]. Teniendo para el autor de la cita la *adfiliatio* el carácter de *adoptio en hereditatem*.

BRAGA DA CRUZ al continuar con la tesis de SCHUPFER recuerda que el edicto Rotario no hace referencia a la libertad de *thingare* a quien quiera teniendo o no teniendo hijos y siempre referido en el aspecto patrimonial hereditario, a la cuota de libre disposición. La misma situación se daba en la *perfiliatio*, es decir, la parte de la que no se podía nunca disponer era de la legítima de los hijos.

---

der su tesis. PITZORNO también resalta muy adecuadamente la utilización por parte de la iglesia de la adfiliato para hacerse con parte de los bienes de los creyentes. *Vid.* «Los negocios "pietatis causa" en las constituciones imperiales postclásicas», Separata de *AHDE*, (Madrid, 1967); *Id.*, *Donaciones y testamentos «in bonum animae» en el Derecho romano tardío*, (Pamplona, 1968).

160 BRUGI, «Della prima forma che ebbero le pie fondazioni cristiane nel diritto romano», *Atti Istituto Veneto*, (Venecia, 1896), T. VII, secc VII, pp. 6 y ss.

161 SCHUPFER, «L´adozione privata. Del mondo dei sogni». en *R.I.S.G.*, 1915. pp.323 y ss.

162 RODRÍGUEZ ENNES, L., *Bases jurídico-culturales de la institución adoptiva*. (Santiago de Compostela, 1978). Cit., p. 104.

163 BRAGA DA CRUZ, G. *Interpretatio del Cod. Theod.*, op., cit p. 463.

Por las razones argüidas por estos autores, nos inclinamos a decantarnos por el origen germano de esta institución que participa de muchas de las características de la *adoptio in hereditatem* germánica[164].

En la *perfilatio*, a diferencia de la *adoptio* romana[165], no crea patria potestad con lo que nos indica la remarcable naturaleza patrimonial[166]; el porfijado continuaba perteneciendo a su familia de origen, no ingresaba en la del porfijador, aunque asume la posición de hijo, solo lo hace a efectos patrimoniales[167].

Quizás lo más destacable de la *perfilatio* sería siguiendo a Otero que no existía impedimento matrimonial entre porfijador y porfijado y los hijos de éstos, pudiendo el marido porfijar a su mujer y, al contrario.

Por su parte, en la época de dominación romana de la península no se hallaron referencias a las figuras englobadas dentro del término genérico adopción.

Por nuestra parte, diremos que el que no se hayan encontrado o, no hayan llegado hasta nuestros días, fuentes en tal sentido; no es motivo suficiente para dudar de su aplicación o de su existencia en el seno de la península. En este punto,

---

164 «Es un acto inter vivos, irrevocable, de carácter eminentemente patrimonial, que deriva todos sus efectos de una traditio (...) La perfiliatio se nos presenta, pues, claramente como una adoptio in hereditatem. Y de todas las formas de adoptio in hereditatem la que presenta más afinidades con la perfiliatio es, sin duda el thinx lombardo (...) ambos participaban de las mismas causas de renovación, la supervivencia de hijos y la ingratitud del donatario», RODRIGUEZ ENNES L., *Las Bases jurídico-culturales*, (Santiago de Compostela, 1978), cit., p. 109.

165 «Hay en el derecho romano vulgar otras formas de adopción: "la adoptio tabulis copulata" y la "adoptio" testamentari" que, como no hacían surgir la patria potestad, podían servir perfectamente para el objetivo de beneficiar las instituciones religiosas. En estos supuestos, aunque la adopción era todavía considerada como una spiritualis adoptio y se decía que la mística persona de Cristo entraba a formar parte de la familia, sólo surgían efectos económicos». RODRIGUEZ ENNES, L. *Ibídem*.

166 Los efectos patrimoniales surgidos tienen ciertos límites como pueden ser la ausencia de derecho de suceder «ab intestato» por el porfijado; los derechos como alimentos o copropiedad familiar sólo surgían en caso de haber sido estipulados.

167 BRAGA DA CRUZ, G. «Sobre a adopçao no século XII», en *BFDC*, XXXI (1955), p. 437

Diocleciano autorizó a que la *adrogatio per principale rescriptum* fuese realizada en provincias[168].

RODRÍGUEZ ENNES, muy acertadamente, diferencia el hecho de la diversidad de incidencia de la cultura romana; o las diferencias en cuanto al grado de romanización de los pueblos del Mediterráneo y del norte de la Península, ahondando en el fin político de la institución adoptiva, incluso para la romanización de los pueblos y no su *nomen* exacto, dándose probablemente figuras similares con denominaciones diferentes[169].

La idiosincrasia, cultura y situación de la Península en la época, hacen que la tradicional disgregación familiar, de la familia a la *gens* lo que daría los grupos de familias o *gentiliates* dando como resultado el pueblo. En la Ibérica no pasa lo mismo, teniendo un concepto vago de pueblo, apareciendo eso sí, referencias entre los autores clásicos de ciertos grupos considerados pueblos, así algunos autores de la época como Floro consideran a los Cántabros y los Astures un solo pueblo[170], Plinio habla por su parte de los «Cantabros»[171], cita Pomponio Mela a su vez a los Vardulos[172], dándosele un valor diferente al concepto de pueblo del que desde una perspectiva endocentrista por parte de lo que los romanos considerarían pueblo tales agrupaciones no se podrían considerar como tal[173].

---

168 OTERO, por su parte opina lo contrario argumentando que no se dan en la península las condiciones idóneas para realizarla con garantías de éxito, *La adopción*, cit., p. 86.

169 La existencia de la adopción en la península previamente a la romanización se hace una cuestión prácticamente irresoluble dada la ausencia de fuentes y la variedad y disposición de diversas culturas con un panorama que dista mucho de la uniformidad. *Vid:* A. SCHULTEN, «Numantia», I, (Munich, 1914), *comentarios a las Fontes Hispaniae Antiquae*, tomos I-V, (Barcelona, 1922-1940); CARO BAROJA, J., *Los pueblos de España*, (Barcelona, 1946).

170 *Hic duae validissimae gentes*. FLORO, Epit. II, XXXIII.

171 «Nam in Cantabricis VII populis Tulobriga sola memoretur». PLINIO, *Nat.Hist.* III (3), 27.

172 POMPONIO MELA, III, 15: «vardulli una gens hinc ad Pyrennaei ingi promuntorium pertinens cludit Hispanias».

173 En la misma opinión abunda RODRÍGUEZ ADRADOS, F., *El sistema gentilicio decimal de los indoeuropeos occidentales*, Manuales y anejos de Emérita, VII, (Madrid, 1948), p. 135.

Los orígenes de la gentilidad serían la pertenencia a un linaje, siendo la filiación indicada a continuación del nombre[174]. Si bien la gentilidad no era impenetrable ya que la «hospitalidad» o *«hospitium»* era algo común[175] en la España prerromana. No se consideraría esto una adrogación al estilo romano ni mucho menos, pero sí que sería una especie de «inclusión o aceptación» de un extraño no consanguíneo en un grupo al que no pertenecía por origen y, si bien fácticamente, pudiese ser una suerte de adopción, jurídicamente no lo era.

La fraternidad artificial es una institución difundida por todo el mundo, encontrándonos con distintas manifestaciones con el mismo fin que la adopción en época de Justiniano. Sería la de suplir la ausencia de familia mediante la integración de un extraño en el grupo familiar como un hermano. Siendo ambas figuras que hacen las funciones de la *adrogatio* y *adoptio* en culturas prerromanas e indoeuropeas con fecha posterior a la caída del imperio romano.

GUTIERREZ al respecto de la adopción dice que «el derecho reproduce bajo distintas formas las instituciones que representan una necesidad social»[176] y la adopción no lo era para los godos.

MODESTO FALCÓN reconoce que el reflejo de la adopción en nuestros códigos ha sido debido a «la influencia que el derecho romano ejerció sobre nuestros legisladores»[177].

La institución adoptiva en Roma se basaba en la voluntad del *pater* sin tener en cuenta valoraciones o sentimientos al respecto del linaje o consanguineidad, aspecto muy presente e importante en la cultura goda, por lo que la institución adoptiva no tuvo éxito en la época; solo estando presente como reflejo del Derecho Romano, pero no como una institución social necesaria y utilizada a la manera en la actual. Lo anterior, quizás fuese debido a la enorme influencia que la

---

174 HUBERT, H. *Los Celtas desde la época de la Téne y la civilización celtica*, (México, 1957), pp. 188 y ss.

175 RAMOS LOSCERTALES, J.M. *Hospicio y clientela en la España Céltica*, Emérita, X, (Madrid, 1942).

176 GUTIÉRREZ, B. *Códigos o estudios fundamentales del Derecho civil español*, Madrid, 1874, T.I p. 675.

177 FALCÓN, M. *Exposición doctrinal del Derecho Civil español, común y foral*, (Barcelona, 1897), T. I, p. 339

Iglesia tenía sobre la cultura y creencias populares y, la poca o nula simpatía que ésta sentía por la filiación agnaticia, desconfiando de los fines de ésta y atribuyéndole una finalidad de legitimación de la prole extramatrimonial, no acorde con sus dogmas. En derecho feudal lo hijos adoptivos no podían heredar los feudos ni suceder u ostentar el título nobiliario o el escudo de armas[178].

A pesar de estar recogida en el Brevario de Alarico, la adopción era una institución no practicada e, incluso, desconocida socialmente en el Derecho visigótico. Así del análisis de la referencia a la institución adoptiva del Brevario[179] se pueden inferir la siguiente conclusión: se trata de una verdadera adopción ya que el padre obtiene la patria potestad sobre el hijo y, a diferencia de la fraternidad artificial o la hospitalidad, el adoptado adquiere la condición de hijo y el adoptante la de padre. Requisito del adoptado había de ser su sexo, pues la adopción de las mujeres no era posible. así mismo del estudio del Epitome de Gayo y del Código Teodosiano se infiere que pudiese ser. OTERO opina que quizás realmente fuese una regulación de la *adfiliato* más técnica y precisa que la consuetudinaria de la institución vulgar.

Bajo el término genérico «porfijamiento»[180], se reciben en Las Partidas tanto a la adopción como a la arrogación; haciéndose la adrogación por concesión regia[181] y la adopción por autorización judicial. Siendo la adopción utilizada para los hijos que se encuentran bajo el poder paterno y la arrogación utilizada para los huérfanos y los hijos que no se encuentran bajo la autoridad del padre. Requiriéndose para

---

178 RODRÍGUEZ ENNES, L., *Bases jurídico-culturales de la institución adopti-va*. (Santiago de Compostela, 1978). Cit., p. 134.

179 *C.Th*. 5, I, 2 *Interpr; y Epit. Gai*. I, 6, 4.

180 Part. 4, 16, 1.

181 Haciéndose necesario este requisito de la concesión regia en tres circunstancias:
Cuando el porfijado fuese mayor de siete años y menor de catorce. Part. 4, 7, 7.
Cuando el porfijado haya estado sometido a tutela o curatela del que los pretende porfijar (adrogar) siendo esto una garantía que pretendía proteger mediante este requisito al que fuese menor de veinticinco años y siempre que el que lo quisiese porfijar fuese su tutor o curador. Part. 4. 16. 5.
Una mujer también podía solicitar el porfijamiento de un hijo siempre que hubiese perdido al que tenía sirviendo al rey o a la patria. Part. 4, 16, 2.

la arrogación el consentimiento del porfijado mayor de siete años, no siendo, este aspecto, requerido para la adopción.

La adopción (porfijamiento) puede ser plena o perfecta, si el que adopta es ascendiente directo y varón, o lo que es lo mismo abuelo, bisabuelo o tatarabuelo; ya fuese paterno o materno; en el caso de la semiplena o imperfecta en la que la patria potestad sigue siendo del padre o ejercida por este[182], el adoptante o porfijador podrá ser abuela, tíos y resto de parientes cuya diferencia de edad con el adoptado sea mayor dieciocho años.

Los orígenes de la «perfilatio» son difusos observándose en ellas características de la adopción sin obviar su profundo carácter patrimonial, pudiendo ser el artificial vínculo de filiación que se crea, sólo un medio para conseguir su objetivo patrimonial que sería el paso de los bienes del porfijador al porfijado[183].

La adfiliación es la fuente de la que surge el vínculo contractual[184]. Así en la Italia meridional era común la adopción del yerno por parte del suegro, haciéndolo un hijo legítimo, por lo que este moraba en su casa, le sucedía y cultivaba sus tierras y, a cambio, se comprometía a cuidarlo en la senectud.

Compartimos la opinión de PITZORNO cuando afirma que otra de las modalidades de la *perfiliatio* no dista mucho de la realidad de nuestra Galicia con una regulación solamente testamentaria y *mortis causa* en nuestro caso en la que al igual que en la modalidad de *perfiliatio* en la que se debía cuidar y asistir al prohijador en del anciano y asegurar el cumplimiento de sus deseos *postmortem* para lo cual era prohijado.

El elemento patrimonial es tan preponderante en la *perfiliatio* que ha provocado que algunos autores como VISMARA nieguen la parte filiativa considerándolo solo una suerte de contrato patrimonial. BRAGA DA CRUZ incide en el hecho de que los deberes de los hijos no están en la *perfiliatio*, para nosotros han de estar contemplados en el acuerdo, como previamente hemos dicho. La opinión más extrema en este

---

182   ESCRICHE, J. *Diccionario razonado de legislación y jurisprudencia*, T. I. (Madrid, 1874), p. 305.

183   OTERO VARELA, A., «Sobre la realidad histórica de la adopción», *AHDE* (1958), p. 1146.

184   RODRÍGUEZ ENNES, L., *Bases jurídico-culturales de la institución adoptiva*. (Santiago de Compostela, 1978). p.111.

punto sería la de OTERO quien considera la *perfiliatio* como un simple medio de disposición de bienes en la sociedad de la época[185]. Siendo recogidas en sendas publicaciones de BRAGA DA CRUZ y OTERO las denominaciones de la *perfilatio* como si fuese una verdadera donación[186]. Observándose, a mayor abundamiento, multitud de ejemplos que, si bien en principio no son absolutamente miméticos, sí que nos muestran la clara vocación patrimonialista que esta institución tiene si es comparada con la *adoptio*; tales como la donación a un monasterio, como ejemplo de donación de un bien en particular[187]; igual acontece con el Becerro Gótico de Cardeña pero en este caso como heredero universal[188]; en el caso del Becerro de Sahagún como heredero de una cuota o parte proporcional y hereditaria del total de la masa patrimonial testamentaria, año 989 d.C. Localizado en el Monasterio Real de San Benito en Sahagún, se relata la cesión por parte de un noble leonés mencionado en el Tratado de Fresno-Lavandera, Fernando Vermuiz, hijo de Vermudo Núñez, Conde del Cea, quien dona un monte situado en el lugar del río Tuerto, entre «Saliame et Sarilenia», hoy en día Sajambre y Vegacerneja al monasterio de San Facundo y Primitivo de Sahagún, precursor del actual Monasterio de San Benito apareciendo la perfiliatio en una modalidad que abarcaba la legítima de una herencia *«te prolicimus un loco filius constitutos tertiam portionem vobis davimus»*[189].

Mediante la *perfilatio*, institución que englobaba múltiples finalidades patrimoniales, también se llegaba a producir una puesta en común de bienes, llegando a instituirse herederos recíprocamente y hasta realizar una compraventa[190]. Siguiendo a OTERO y al celebérrimo, anónimo escritor del Lazarillo de Tormes; diremos que no es que nuestro país sea un país de picaresca, lo cual sería caer en el común error de la

185 En tal sentido también: MARONGIU, F. *La familia nell'Italia meridionale sec VIII-XIII*, (Milán, 1944).

186 «facta scriptura perfiliationes hac donationis» y «profiliatione vel traditione»; OTERO VARELA, A., p.111; BRAGA DA CRUZ, G. p. 423.

187 N. 194 *P.M.H.*

188 LUCIANO SERRANO, *Historia de los Benedictinos de Silos*, T. III, Becerro gótico de Cardeña, (Madrid, 1910).

189 Cart. S. Vicente de Oviedo doc. N.º 6.

190 RODRÍGUEZ ENNES, L., *Bases jurídico-culturales de la institución adoptiva*. (Santiago de Compostela, 1978). Cit., p. 115.

generalización; diremos que la *perfiliatio* se utilizó con finalidades fraudulentas o defraudatorias, resaltando **BRAGA DA CRUZ** el hecho de que debido a lo anterior se pierde la primigenia naturaleza adoptiva de la *perfiliatio*, para convertirse en una institución cuasi meramente patrimonial a finales del S. XI. Para **VALDEAVELLANO** esto tiene su explicación en el principio de comunidad patrimonial familiar germano, por el cual, cualquier acto de disposición en favor de extraños requería previa atribución de la cualidad de hijo en favor de aquellos, con lo que nace la *perfiliatio* como institución especial[191].

La *perfiliatio* aparece ya minuciosamente regulada en época de la recepción del Derecho Romano, ya en el Fuero de Soria, en el Fuero Real, en las Partidas. Siendo la *perfiliatio* una institución autorizada para las mujeres a diferencia de la *adrogatio* o *adoptio* romana; si bien en el Fuero Real[192] se exige autorización Regia, documentalmente no es recogido tal extremo en *perfiliationes* de la época y a su vez el Fuero de Soria dice que «Tod omne o toda mugier pueda recebir por fijos aquí quisiere». Por su parte, **BRAGA DA CRUZ** se aparta de lo anterior, aduciendo que no existen fuentes documentales que prueben la *perfiliatio* por parte exclusiva de una mujer; a diferencia de las donaciones o las ventas donde si aparecen: «quando a mulher precisaba de autorizaçao para doar, tamén precisaba dela para poder perfilar».

Ya hemos mencionado la *perfiliatio* realizada por presbíteros, la cual, lejos de ser extraña o inusual era frecuente[193]. Podía ser efectuada, incluso, por personas colectivas como pudiese ser un monasterio tal como se infiere del documento número 120 de la Carta de San Vicente de Oviedo en la que el Abad porfijaba en nombre del monasterio.

La cuestión de la edad es abordada mediante una analogía jurídica, *adoptio naturam imitatur* siendo la edad exigida la que socialmente se solía dar para la paternidad en la época no estando fijada de antemano[194].

---

191 VALDEAVELLANO, en la recensión que hace al trabajo de BRAGA DA CRUZ, *AHDE*, 14, 1943, p. 648

192 Fuero Real, ley IV, Tít. 22.

193 *Ibídem*, ley II, Tít. 22.

194 *Ibídem*. *Vid* también casuística discordante como la que cita CÁRDENAS, F., *Ensayo sobre la historia de la propiedad territorial en España*, I, Madrid, 1873.

No existían limitaciones especiales para la *perfiliatio* ni en el porfiador, como pudieran ser la existencia de hijos propios, siendo solo necesario tener la capacidad suficiente para disponer de los propios bienes. Por parte del porfijado tampoco existían límites, como pudiese ser el sexo[195] o cualquier otro pudiendo «porfijarse» a miembros de la iglesia, individual, e incluso a marido y mujer al mismo tiempo[196].

Siguiendo a OTERO, diremos que la forma de la *perfilatio* era similar a la de una compraventa o donación siendo un acto de naturaleza totalmente privada en contraposición con la adrogación romana, para la *perfilatio* solamente se requiere la intervención del «porfijador» y del «porfijado».

Esta institución, por su parte y como apunta P. MEREA, evoluciona hasta convertirse, ya en el siglo XIII en una institución adoptiva y no meramente en un instrumento para alcanzar objetivos de naturaleza patrimonial. No se trata pues de «perfilationes» de tipo arcaico, sino de adopciones en el sentido usual, de verdaderos «porfijamientos, de actos por virtud de los cuales, un individuo era colocado por otro en la situación de hijo»[197] pasando a formar parte de la familia del adoptante. A diferencia de lo que ocurría con la primigenia *«perfiliatio»*, se modifica la naturaleza germana de la institución en la que, no se daba ni siquiera el consecuente efecto creador de patria potestad ni de parentesco[198], al poseer en muchos casos unos efectos patrimoniales *mortis causa*. Tampoco adquiría los derechos sucesorios, si no estaba estipulado, o lo que es lo mismo, no sucedía en caso de fallecimiento *ab intestato,* solo produciendo las obligaciones que, como en cualquier contrato privado, se hubiesen acordado y a fuesen alimentos, copropiedad, etc.[199]

---

195 Doc 133 del Catálogo de León.

196 «Placuit nobis... ut faceremus... a vobis Albaro Cibrianiz et uxor tua Gelvira kartula simul et placitum perfiliationis» Cart. De S Vicente de Oviedo, doc n.º 109.

197 MEREA, P. «Sinopse histórica da adopçao», *BFDC*, 1956, p.182.

198 «No existía impedimento matrimonial entre porfijador y el porfijado. Además, era lícito al marido porfijar a la mujer y viceversa, síntoma de que surtía efectos personales». RODRIGUEZ ENNES L., citando a BRAGA DA CRUZ *Bases jurídico-culturales de la institución adoptiva,* (Santiago de Compostela, 1978), cit., p. 124.

199 D´ORS, A., *Epigrafía jurídica de la España romana*, (Madrid, 1953), p. 401.

9.

ESTUDIO COMPARADO DE LA CUESTIÓN EN EL *COMMON LAW*

9.1. La adopción en Inglaterra

El *common law* en Inglaterra no se había ocupado nunca de la adopción de ahí que las adopciones que a partir del siglo XIX se comenzaron a practicar en Inglaterra no confieran al adoptante ni derechos ni obligaciones legales[200]. A partir de la segunda mitad del siglo XIX, la institución comenzó a ser aceptada paulatinamente por los países de la Commonwealth: como es aceptado en Malta en 1870, en Nueva Zelanda en 1895, en Australia en 1896, en Nueva Escocia y África del Sur en 1919, en Tasmania y la Columbia británica en 1920, en Ontario en 1921 y en 1924 en Quebec. Siendo finalmente introducida en Inglaterra y Gales en 1926[201], produciéndose en Inglaterra un torrente de solicitudes tras su promulgación, por lo que se constituyeron sociedades especializadas para atenderlas. El exceso de demandas o peticiones de adopción y la ausencia de tantos posibles adoptandos dieron lugar a la aparición de una serie de intermediarios sin

---

200 CLARKE W., MORRISON A. C. L., GOODMAN L., BANWELL L. G., RAE NICOL J. *Clarke Hall and Morrison's law relating to children and young persons*, (Londres, 1956). p. 501.

201 *Adoption of Children Act* de 1926, aplicable sólo a Inglaterra y Gales, siendo promulgada para Irlanda del Norte la la *Adoption of Children Northern Ireland Act*, y, por último, en 1930, para Escocia con su *Adoptión of Children Scotland Act* estando ambas basadas en la previa ley inglesa.

escrúpulos, a cuyas actividades trató de poner fin la *Adoption of Children Regulation Act* de 1939[202].

Esta norma modifica y mejora ciertos aspectos de la legislación adoptiva previa introduciendo mejoras significativas como pueden ser las orientadas a la adopción de los hijos naturales por sus propios padres. Este periplo legislativo culminó en 1958 donde con la *Adoption of Children Act* promulgada en ese año se aúnan las disposiciones legislativas relativas a la adopción y a la infancia en un solo texto jurídico[203]. Pudiendo ser calificada ya como un texto jurídico avanzado en lo que adopción se refiere y que a continuación pasaremos a analizar debido a que, en nuestra opinión, es la primera ley inglesa en donde es recogido de manera extensa y apropiada toda la materia legislativa referente a la adopción.

Los requisitos personales que establece la *Adoption of Children Act* de 1958 son el tener al menos veinticinco años y una diferencia con el adoptado de como mínimo veintiún años[204] y estar domiciliado en Inglaterra[205].

Por regla general al adoptante varón no le está permitido adoptar a una mujer salvo que el tribunal acceda dado lo extraordinario de las circunstancias según es reflejado en el propio art. 2 de la *Adoption Act* de 1958: *«an adoption order shall not be made in respect of on infant who is a female in favor of a sole applicant who is a male, unless the court is satisfied that there are special circumstances which justify as an excepcional measure the making of an adoption order»*.

Por su parte los art. 4, 5 y 6 se ocupan de la cuestión del consentimiento para la adopción, el cual es requerido para la efectividad de esta siendo el que lo realiza el padre, madre, tutor o institución que lo tuviese a su cargo.

---

202 CLARKE W., MORRISON A. C. L., GOODMAN L., BANWELL L. G., RAE NICOL J. *Clarke Hall and Morrison's law relating to children and young persons*, cit. p. 502.

203 *Ibídem* p. 45 a 110 incluyendo en este texto normativas como la Poor Law Act de 1930 y las Children's Act de 1950.

204 Art. 2 de la *Adoption Act* de 1958.

205 *Ibídem* art. 1: *«An adoption order shall not be made in England unless the applicant and the infant reside in England and shall not be made in Scotland unless the aplicant and the infant reside in Scotland, subject however to section twelve of this Act»*.

Una de las garantías que esta ley establece es que no se debe fijar ningún requisito de carácter económico para la realización de la adopción, es decir que no se obtenga ningún beneficio o contraprestación por la realización de la misma por parte del adoptado tal y como se establece en el artículo 7: *«(...) the applicant has not received or agreed to receive, and that no person has made or given or agreed to make or give to the applicant any payment or other reward in consideration of the adoption except such as the court may sanction»*.

En lo respectivo a los requisitos formales que se establecen para la adopción nos ocuparemos en primer lugar de los tribunales competentes, siendo estos: la *High Court of Justice*, los County Court y los Juvenile Court pudiendo el adoptante dirigirse a cualquiera de ellos[206].

El procedimiento es verbal y se sustancia en presencia del adoptante, del curador *ad litem* y del adoptado en caso de tener esta edad suficiente[207]. La figura que representa los intereses del menor es el citado curador que es nombrado por el tribunal.

Un requisito previo a la adopción ha de ser que el adoptado hubiese estado bajo el cuidado del adoptante al menos durante tres meses según reza su artículo tres: *«An adoption order shall not be made in respect of any infant unless he has been continuosly in the care and possession of the applicant for at least three consecutive months inmediately preceding the date of the order, not counting any time before the date which appears to the court to be the date on which the infant attained the age of six weeks»*.

Tal período es un antecedente, un ensayo o prueba que sirve de base al tribunal para tomar alguna decisión, pudiendo con ello confiar provisionalmente al menor al cuidado del adoptante previamente a su decisión final y definitiva. La adopción tal y como reza el art. 20 de la ley es establecida por sentencia y es anotada en un registro especial: el *Adopted Children Register*, y su lugar es al margen de la partida de nacimiento del adoptado.

---

206 Art. 9 de la *Adoption Act*.
207 Para lo referente al procedimiento, la *Adoption Act* se remite a la sección 15 de la *Justices of the Peace Act* de 1949.

Los efectos que la sentencia adoptiva provoca son en primer lugar que el adoptado adquiere la condición de hijo legítimo del adoptante: «*the infant shall stand to the adopter exclusively in the position of a child born to the adopter in lawful wedlock*».

Dejando de pertenecer a su familia de origen y pasando a estar bajo la patria potestad de del adoptante:art. 13: «*Upon an adoption order being made, all rights, duties, obligations and liabilities of the parents or guardians of the infant in relation to the future custody, maintenance an education of the infant, including all rights to appoint a guardian and (in England) to consent or give notice of dissent to marriage, shall be extinguished, and all such rights, duties, obligations and liabilities shall vest in an d be exercisable by and enforceable against the adopter as if the infant were a child born to the adopter in lawful wedlock*».

La ruptura de lazos del adoptado con su familia de origen es absoluta, la ley inglesa recoge que una vez constituida la adopción serán transferidos al adoptante incluso los derechos derivados del seguro de pompas fúnebres concertado por el padre de origen en beneficio del adoptado tal y como recoge el art. 14.2: «*where, before the making of on adoption order in respect of an infant, the natural parent of the infant has aaffected an insurance with any such society or Company for the payment, on the death of the infant, of money for funeral expanses, the rights and liabilities under the policy shall by virtue of the adoption order be transferred to the adopter and the adoter shall, for the purposes of the said enactments, be treated as the person who took out the policy*». Incluso el adoptado sucede al adoptante en las mismas condiciones que un hijo legítimo, teniendo la adopción una vez constituido carácter irrevocable.

9.2. La adopción en Estados Unidos

De manera paralela al matrimonio, el divorcio y otros aspectos del Derecho de familia, la adopción es objeto de regulación independiente por cada uno de los estados de la Unión[208].

---

208   Leavy, M. L., *Law of adoption simplifies*, (Nueva York, 1948), p. 2.

El estado federal interviene solamente en el distrito de Columbia. En el caso americano no se encuentra por lo tanto una uniformidad normativa a modo de la que existe en derecho mercantil por lo que el caso norteamericano es un claro ejemplo de una absoluta diversidad legislativa dentro de una misma nación en palabras de LEAVY «*no two states have exactly the same provisions*».

Esta diversidad de fuentes podría llevarnos a pensar que la institución carece de unidad si es analizada a primera vista, más aún si tenemos en cuenta que su principal fuente jurídica, el *Common Law* británico ha ignorado la adopción como acabamos de ver hasta hace relativamente poco tiempo y por lo tanto no ha podido ser la base jurídica común en la que los estados basasen su regulación.

Si estudiamos la legislación norteamericana de la época con detenimiento podemos llegar a afirmar que la regulación americana pese a ser tan dispar y diferente en cada estado sí que tiene una base o inspiración común, siguiendo a LEAVY, también afirmaremos que, durante una época determinada, durante los años cuarenta y que se propagó por toda la nación y es el sentimiento de necesidad de una ley federal que se ocupase de aplicar la legislación adoptiva de manera uniforme en todo el territorio. Finalmente, este movimiento paralelo a la Segunda Guerra Mundial y probablemente paralelo a las necesidades adoptivas que ésta generaba no prosperó, pero si bien la uniformidad legislativa no lo hizo, si lo hizo la institución en si misma siendo un fenómeno social que en la citada época se cuantificó con más de ciento sesenta y cinco mil solicitudes de adopción recibidas por los tribunales americanos. El cambio sociocultural que conlleva el hecho de que por primera vez en la cultura americana una persona ajena a la familia, o no consanguínea, sea considerada jurídicamente hijo del adoptante[209]. Este movimiento proadopción o fenómeno social que tuvo lugar durante la guerra y posteriormente también y de forma mimética al ejemplo británico dio lugar a actitudes y practicas reprobables, que provocaron la intervención de los diferentes estados en sentido de eliminar aquella praxis en las que la adopción era convertida en

---

209 *Child Adoption in* 1968, *Suppliment to Child Welfare Statistics*, 1968, *Vid* cit: MARMIER, M. P., *L'adoption.*, 1969, p.111; LEAVY, M. L., *Law of adoption simplifies*, Nueva York, 1948. recoge como de 15.000 adopciones en 1934 se pasa a 50.000 en 1944.

un negocio más propio del mercado negro que en una institución tan positiva y adyuvante con la propia civilización que la utiliza. Los agentes de este mercado negro eran médicos y abogados que sin intervención estatal de ningún tipo mediaban entre madres solteras y familias que anhelaban descendencia de manera desesperada. Dándose en muchos casos adopciones precipitadas que provocaban verdaderos dramas humanos como neurastenias en madres que habían abandonado a su hijo demasiado rápido o ciertas interferencias inapropiadas entre la familia natural del menor y la familia adoptiva[210] lo que va en detrimento del desarrollo del adoptando.

El reconocimiento del aspecto social y de utilidad pública de la adopción es reciente, siendo las leyes reguladoras de la adopción previas a las dos guerras mundiales escasas y de aspecto residual. Por su parte Massachussets fue pionera en la regulación de esta figura siendo el primer Estado que la regula (1851), seguido de Wisconsin (1858) pasando por Illinois (1867) y Nueva york (1873). Pero la situación legislativa de los Estados Unidos de America ha sufrido numerosos cambios y mejoras sobre todo a partir de la década de los cuarenta.

Las finalidades de la institución adoptiva de los distintos Estados se puede concretar o aunar en sus múltiples legislaciones en un triple objetivo[211]: primero la protección del niño contra la separación de su familia natural evitándola cuando no sea estrictamente necesaria; otro aspecto de la protección sería el de que el adoptado lo fuese por un adoptante capacitado para su adecuada educación; y el evitar las posibles perturbaciones en su desarrollo que pudiesen inferirse de tener relación con su familia natural.

Los padres naturales también son objeto de protección al respecto de la posible separación de su hijo por motivo de una decisión demasiado precipitada.

A sensu contrario los padres adoptivos también son objeto de protección al respecto de evitar la posible injerencia de la familia natural del menor con el menor adoptado.

---

210 Ancel, M. *L'adoption dans les legislations modernes*, (París, 1958), p. 163 y ss.

211 «Essentials of adoption Law and Procedure», *Children's Bureau publication*, núm 331, (Washington, 1949).

Estas tres finalidades son perseguidas de forma común por todos los estados de ahí nuestra previa afirmación que si bien no son legislaciones parejas sí que presentan numerosos puntos en común.

En cuanto a los requisitos personales para poder adoptar nos ocuparemos en primer lugar de la cuestión de la edad, siendo la edad exigida en la mayor parte de los estados de veintiún años[212].

La diferencia de edad que debe mediar entre el adoptante y adoptado también varía entre algunos Estados exigen que el adoptante rebase, como mínimo, en diez años la edad del adoptado[213], otros por su parte fijan la diferencia de edad en quince años, siendo este el caso de Idaho y West Virginia[214]. Dentro de esta variedad legislativa no faltan Estados que exijan que el adoptante sea de más edad que el adoptado, como en Connecticut y Massachussets.

Si bien la regulación al respecto de la edad era bastante laxa y permisiva en la mayoría de los estados; estas regulaciones sí que regulan una serie de impedimentos a la adopción para las personas con una raza o religión que no se correspondiesen con las mayoritarias. En la mayor parte de los casos, tales impedimentos no proceden de la aplicación de la legislación vigente en la época que sólo exigía expresamente la identidad racial entre el adoptante y adoptado[215], mientras que en Montana, Texas y Louisiana se prohíbe la adopción entre blancos y negros; por su parte el requisito de la identidad de religión es exigido en Delaware, New Jersey, New York, Ohio, Rhode Island y Tennessee; esto constituía una muestra de racismo e de intolerancia religiosa de ciertos sectores, afortunadamente no mayoritarios, de la sociedad

---

212   Si bien la mayoría de las legislaciones específicas de los estados, no señalan una edad determinada, sino que disponen que puede adoptar «cualquier adulto» *(any adult)* o «cualquier persona que haya alcanzado la edad legal» *(any person of lawful age)*. El resultado práctico de tales previsiones legales, o la conclusión a la que podemos llegar es que la edad mínima exigida sea la de veintiún años.

213   Arizona, California, Georgia, Montana, New Jersey, New México, North Dakota, Oklahoma, South Dakota y Utah

214   En este punto comentaremos el caso especial de Puerto Rico que quizás debido a la influencia española preceptúa que el adoptado ha de tener dieciocho años más que el adoptante.

215   *No mixed adoption.*

norteamericana. La previa afirmación es basada en el hecho de que a mediados del siglo pasado, si bien en muchos estados no estaban prohibidas de manera expresa las adopciones entre personas de diversa raza o religión, son los organismos judiciales, o incluso las mismas agencias regentadas por particulares y dedicadas a promover adopciones las que, sin apoyatura legal alguna, impiden su realización por la parte que pudiese desear esa adopción de una persona de distinta raza o que perteneciese a una cultura con una religión diferente a la profesada por el posible adoptante. Existen, por otra banda, procedimientos más sutiles para impedir la adopción entre personas de diferente raza o religión, así en Indiana y Washington exigían que en la solicitud de adopción se precisase detalladamente la raza del adoptante y del adoptado. Pennsylvania preceptuaba lo mismo, pero con referencia a la religión y en Georgia y Ohio si exigían ambos extremos.

Uno más de los requisitos exigidos es la exigencia de que el adoptante residiese en el estado en el que éste presentase la solicitud de adopción. La justificación de tales exigencias era la de que el tribunal dispusiese de mayores elementos de juicio a la hora de decidir la procedencia o improcedencia de la solicitud presentada[216]. Sin embargo, debido a la práctica inexistencia o escasez de niños en situación de ser adoptados la mayoría de los estados regula el procedimiento para la adopción en el extranjero[217], procedimientos generalmente complejos, dado el hecho de tener que casar o entremezclar, en la época, legislaciones extranjeras. Este procedimiento era, a su vez, muy costoso debiéndose presentar elevadísimas fianzas que se exigían en las múltiples legislaciones estatales para su incoación. Fluctuando éstas a mediados del siglo pasado en unas cifras nada desdeñables incluso hoy en día, fluctuando entre los mil y los diez mil dólares en los casos de Indiana y Kentucky.

Por lo que respecta a la persona adoptada, la mayoría de los Estados exigían que fuese menor de edad[218], si bien, algu-

---

216 LEAVY, M. L., *Law of adoption simplifies*, (Nueva York, 1948), p. 13.

217 Siendo denominadas *Exportation and Importation Laws*.

218 Entendiéndose por menor de edad, generalmente, la persona que no haya cumplido veintiún años. Algunos Estados regulaban específicamente la adopción de personas adultas, sometiéndola a condiciones menos rigurosas, ya que cuando el adoptado es un mayor de edad es

nos, como Louisiana, establecen un procedimiento diferente según que el adoptado haya cumplido o no los diecisiete años. Sin embargo, el requisito más importante está constituido por el consentimiento del adoptado. La mayor parte de las legislaciones lo exigían a partir de los catorce años; otras requerían que el adoptado hubiese cumplido los doce años[219]; otros prescribían que la edad fuese de diez años[220]. Inversamente, ciertos Estados no permitían que el menor prestase su consentimiento hasta que hubiese alcanzado la edad de dieciséis años[221] y otros estados no lo exigían[222]. Esta diversidad de disposiciones evidenciaba la existencia de puntos de vista muy diferentes que abarcaban desde los estados en los que se primaba la capacidad del menor para escoger o el darle a éste un derecho de elección, mientras que en otros la principal preocupación sería la existencia de un estado de oposición hacia el hecho adoptivo por parte del menor, para el cual fijaban una edad de catorce años con la que se pretendía evitar una adopción no querida por el adoptando.

Los estados exigían el consentimiento de los padres naturales del adoptado. Sin embargo, este principio general admite varias excepciones. En ese sentido numerosas legislaciones establecían que para la adopción de un hijo natural de otra familia sólo sería necesario el consentimiento de su madre; mientras que otras señalan una serie de supuestos en los que no era necesario solicitar el consentimiento paterno. Tales supuestos, que, como es lógico, variaban de Estado a Estado venían siendo los siguientes:

– Cuando los padres hubieran sido privados del ejercicio de la patria potestad[223].

– Cuando se hubiesen divorciado por causa de adulterio[224].

---

lógico que no les sean aplicables las disposiciones establecidas en interés único y exclusivo de menores.

219 Siendo éste el caso de: California, Florida, Idaho, Kentucky, Missouri, Montana, New Mexico, New York, North Carolina, Ohio, Oklahoma, Pennsylvania, South Dakota, Utah, West Virginia.
220 Maryland, Michigan, North Dakota.
221 Haway, Puerto Rico.
222 Louisiana, South Carolina, Tennessee
223 Kentucky.
224 Idaho, New York y Oklahoma.

- Cuando el Tribunal los estimase incapaces de educar a su hijo bien fuese por causas mentales o de otra índole[225].
- Cuando los padres naturales incumpliesen sus obligaciones paternas por un periodo de dos años[226].
- Cuando hubiesen confiado definitivamente a su hijo a una institución especializada en promover adopciones[227].

Un reducido número de Estados le concedían poca importancia al requisito del consentimiento paterno, siendo éste reemplazado por la opinión, bien de los jueces que intervienen en el procedimiento, bien de algún organismo especializado, siendo en este caso generalmente el Departamento de Estado de Bienestar Público *«State Departament of Public Welfare»*[228].

En lo referido a los requisitos formales exigidos para que se pudiese celebrar una adopción y dada la necesidad de luchar contra la precipitación en la toma de una vital decisión y la lucha contra el fraude personalizado en intermediarios sin escrúpulos, unido todo ello a la importancia del cambio en el estado civil del adoptado determino la judicialización de la institución adoptiva ya que el procedimiento sustanciado por órganos judiciales se observa aún hoy en día como el que más garantías otorga.

El órgano judicial encargado de tramitar la solicitud variaba según los estados; siendo en algunos las *Probate Courts*, en otros las *District Courts*, las *Juvenile Courts* y las *Superior Courts* o las *Surrogate's* en los restantes. También variaba notablemente el criterio para delimitar la competencia territorial[229]. La principal excepción a este principio la constituía

---

225 Mississipi
226 Siendo este el caso de Kansas y dándose en Indiana una disposición similar. No exigiéndose el consentimiento del padre si éste ha incumplido la obligación alimenticia
227 Georgia, Florida y Michigan
228 Esto se daba si así el juez lo estimase en New York.
229 Procederemos ahora a una simple enumeración ejemplificativa: Siendo en Ohio competente el tribunal del lugar de nacimiento del adoptado, en Oregón el del domicilio de los padres naturales del adoptado o en su defecto, el del tutor mientras que en Kansas y Vermont la competencia va ligada a la residencia del adoptante.

la adopción de un hijo adulterino por parte de su padre y se explicaba debido al hecho de no producirse una modificación en el estado civil sino una legalización de una situación fáctica que aún no había sido reconocida jurídicamente[230]. Ciertos Estados disponían, a este respecto, que para que el padre natural pueda adoptar a su hijo bastaría con que lo reconociese públicamente, *by public acknowledgment*, y lo recibiese en su familia como hijo propio y con el consentimiento de su cónyuge.

Aunque algunas legislaciones le concedían una gran importancia al contrato de adopción como Connecticut o Oklahoma otras en cambio se lo concedían al consentimiento de los padres naturales como en Wyoming.

Se puede afirmar sin ambages que la adopción, en la inmensa mayoría de los casos constituye el resultado de un procedimiento judicial. Esta es, sin duda, una de las características principales del régimen de la institución adoptiva en los Estados Unidos.

El objeto del procedimiento es proporcionarle al juzgador el máximo número de elementos de juicio para evitar adopciones precipitadas y conseguir que la relación adoptiva nazca con el mayor número de probabilidades de éxito. Estos elementos de juicio provienen de las tres fases procedimentales:

- La demanda, *petition*.

- El período de ensayo, *probationary period*.

- La investigación, *investigation*.

Petition: El procedimiento se inicia mediante la presentación ante el tribunal competente de una demanda en la que la persona que desea adoptar, después de hacer referencia a unos datos personales[231], a la persona del adoptado[232] y a

---

230 En particular Idaho, Montana, North Dakota, Oklahoma, South Dakota y Utah.

231 Nombre, edad y residencia. También debe consignar en lo referente a su estado civil si está casado o soltero. En el caso de estar casado prácticamente la totalidad de los Estados exigen que la demanda fuese suscrita por ambos cónyuges.

232 Nombre, residencia y edad o fecha de nacimiento. Si posee alguna propiedad con indicación de esta. Indicar si se encuentra bajo la custodia de alguna agencia u organización habrá que consignarlo. Por

la de sus padres naturales[233]. En la demanda han de solicitar al tribunal el pronunciamiento de una sentencia, *Court order,* por la que se declare la adopción solicitada.

Probationary Period: Siendo éste un período de prueba o ensayo cuya duración oscila entre los seis meses y el año. En el que los eventuales padres adoptivos conviven con el adoptado como si la adopción ya hubiese sido declarada; en la mayoría de los estados este período de prueba es supervisado generalmente por el Departamento Estatal de Bienestar State Welfare Board, o de alguna agencia autorizada. Si el resultado de la investigación practicada es halagüeño o el que cupiese esperar, el Tribunal pronuncia su sentencia definitiva, *Court order*, por la que se declara haber lugar a la adopción[234].

Investigation: El objeto de la investigación es el de proporcionarle al Tribunal información acerca de las condiciones y circunstancias en las que se ha de desenvolver la adopción proyectada. Salvo contadas excepciones como las de: Alaska, Colorado, Idaho, Mississipi y Missouri, prácticamente todas las legislaciones contienen instrucciones acerca de los extremos o puntos que han de evidenciarse en el informe en el que se plasme la investigación y aun existiendo diferencias entre los distintos estados, creemos poder establecer ciertos puntos de encuentro o partes fundamentales previstas en las legislaciones estatales que pasamos a enumerar:

Respecto al adoptado: Su entorno social, su estado físico y mental, y cualquier otra información de tipo similar que pudiese ayudar a determinar si el niño es apto o idóneo para que se dé la adopción

Respecto a los adoptantes: En cuanto a los posibles adoptantes: su salud, su situación económica, sus cualidades como padres y la adecuación de su hogar a la adopción.

último, algunas legislaciones exigen información relativa al sexo, raza, religión y lugar de nacimiento.

233 Nombre y residencia y en su defecto los datos relativos al guardador legal.

234 Las legislaciones de los Estados de Michigan y Virginia preveían la posibilidad de que el Tribunal otorgase dispensa del período de prueba o ensayo y proceder a pronunciar inmediatamente su sentencia definitiva.

El informe del funcionario que lleva a cabo la investigación concluye con la recomendación de procedencia o improcedencia de la adopción.

Quizás el aspecto más importante de toda la institución adoptiva sea, como no, los efectos que tal institución provoca no solo en la persona del adoptado, actor principal de esta institución, sino también en los nuevos padres. La sentencia, *sentence*, de adopción otorga al adoptado el estatus de hijo legítimo de los adoptantes[235]. Este principio es admitido unánimemente por todos los Estados de la Union. Las dificultades comienzan a la hora de fijar los derechos respectivos de adoptante y adoptado. Generalmente aparecen especificados en las diferentes legislaciones[236]; sin embargo, algún Estado, como Mississipi, dispone que: será el juez quien fije en la sentencia que declare haber lugar a la adopción, los derechos y ventajas que serán conferidos al adoptado[237]. De todas formas, a falta de normativa específica al respecto, la regla general es la de que la sentencia de adopción confiriese a adoptante y adoptado los mismos derechos y obligaciones que existen entre los padres e hijos legítimos.

El grado de equiparación con la filiación legítima era tan elevado que la mayoría de los estados admiten que el adoptado cambie sus apellidos de origen por los de sus padres adoptivos. Por otra parte, algunas legislaciones preveen expresamente la redacción de una nueva partida de nacimiento en la que hacen figurar al adoptado como hijo legítimo del o de los adoptantes tal y como figuraba en las de Georgia e Indiana habiendo el secreto más absoluto en torno a todas las circunstancias relativas a la adopción[238].

---

235 A este respecto es bastante significativa la legislación de Oregón cuando dispone: (...) *a decree shall be made setting forth the facts, and ordering that from the date of the decree the child, shall, to all legal intens and purposes, be the child of the petitioner.*

236 Algunos Estados reglamentan esta materia con gran detalle especificando que el niño tiene derecho a ser educado, cuidado y mantenido por sus padres adoptivos.

237 Algunos Estados reglamentan esta materia con gran detalle, especificando que el niño tiene derecho a ser educado, cuidado y mantenidos por sus padres adoptivos.

238 Generalmente el secreto sólo puede ser violado a instancias de la autoridad judicial. A este respecto establece la Ley de Oregón: *At the time of the entry of any final decree of adoption, the court shall order*

El grado de ruptura entre el adoptado y su familia de origen varía generalmente, de una manera inversamente proporcional al grado de integración que obtenga el adoptado en la familia del adoptante. Su determinación, lejos de tener un alcance meramente teórico, produce importantes consecuencias sobre todo en orden a los derechos sucesorios. En este sentido, pese a que, como ya señalábamos, Equiparan al adoptado al hijo legítimo, un cierto número de legislaciones se resistían a romper totalmente, especialmente en materia de sucesión, los vínculos que unen al adoptado con su familia natural[239]. Otras por el contrario declaraban su ruptura absoluta con los padres naturales, estos últimos son los más numerosos[240]. Sus disposiciones al respecto están generalmente inspiradas en la necesidad de evitar las posibles interferencias de los padres naturales en las relaciones del adoptado con sus padres adoptivos[241]. En esta línea, las legislaciones de estos Estados establecen que el adoptado pierde todos los derechos sucesorios en su familia de origen, adquiriendo en contrapartida el derecho a heredar del adoptante.

El proteger a los adoptantes contra una revocación o posible cambio de opinión de los padres naturales del adoptado y contra sus posibles interferencias, constituye uno de los objetivos que persiguen los Estados. Debido a ellos la mayoría de las legislaciones insistían en establecer que la sentencia de adopción provoque la ruptura absoluta de los vínculos que unían al adoptado con su familia de origen, y, además, proclamasen su carácter irrevocable.

---

that said files be sealed in the record of the case an unsealed only on further order of the court.

239 Algunas establecían que el adoptado conservase todos los derechos sucesorios en su familia de origen, los siguientes Estados: Florida, Illinois, Kentucky, Maine, Massachussets, Maryland, Michigan, New York, Oklahoma, Texas, Virginia y Wisconsin

240 Delaware, District of Columbia, Iowa, Kansas, Minnesota, Missouri, Montane, Nebrasca, New Jersey, North Dakota, Ohio, Oregón, Pennsylvania, Tennessee, Vermont, West Virginia.

241 Es claramente explícita en ese sentido la legislación de Oregón, cuando dispone: *Excepting in the case of a parent who is the husband or wife or the person adpting the child, the parens of such child shall be prived by such adoption of all legal rights as respects the child; and the child shall be freed from all obligations of maintenance and obedience as respect its parensts.*

Debido a las concepciones legislativas previamente mencionadas y a sus fundamentos u objetivos a alcanzar algunas legislaciones estatales preceptúan que, si la sentencia fuese dictada por un Tribunal incompetente o a través de un procedimiento irregular, trascurrido un año desde su pronunciamiento, la adopción devendría inatacable o firme igualmente, siendo este el caso de Maryland. Por su parte otras, precisaban que, únicamente, los padres naturales estuviesen legitimados para instar la anulación de la sentencia de adopción, así acontecía por ejemplo en North Carolina.

Pese a la tendencia de todos los estados de proclamar el carácter definitivo e irrevocable de la adopción, las legislaciones estatales admiten en ciertos casos, la anulación de la sentencia en la que se declarase haber lugar a la adopción. Sus disposiciones estaban inspiradas en la necesidad de proteger a los adoptantes contra una enfermedad o impedimento que impidiese las realizaciones de las labores paternas o protegiese al menor del contagio siendo este punto desconocido en el momento de dictar sentencia[242].

Finalmente, un reducido número de Estados establecían la posibilidad de anulación judicial por acuerdo mutuo entre adoptante y adoptado[243] o a instancia de este último dentro del año siguiente a su mayoría de edad[244], siendo los casos anteriores la excepción a la regla general por la que se establecía salvo estas contadas excepciones la irrevocabilidad de la adopción.

9.3. Posición del paterfamilias estudio comparativo

El derecho de familia si bien hoy, tanto en los países de influencia predominantemente romana o del *civil law* como en los de origen anglosajón o del *common law* está amplia-

---

242 En California, Iowa y Missouri preveían la posibilidad de la anulación de la adopción durante los cinco años siguientes a la de la sentencia si el adoptado estuviese afectado de epilepsia, locura o una enfermedad venérea, siempre que tales enfermedades apareciesen con anterioridad a la adopción y fuesen desconocidas al tiempo de esta. También se preveía la anulación en el caso de que el adoptado resultase pertenecer a una raza diferente a la inicialmente prevista.

243 New york.

244 West Virginia

mente regulado, no ocurría lo mismo en Roma en la que el derecho de familia era prácticamente por lo que hemos de centrar nuestro estudio en la figura del *pater familias* y en la *patria potestas*[245]. Sin embargo, ciertos estados de Norte America permiten adoptar a cualquier persona o residente *«any resident»* de lo que se podría inferir la posibilidad de adopciones realizadas por menores[246].

El poder absoluto que el Derecho romano dio a un padre sobre sus hijos es una de las diferencias más destacables entre la ley romana e inglesa[247]. El *pater familias,* en la familia agnaticia romana, era el dueño absoluto, sacerdote de su hogar y del culto doméstico. Decidiendo, incluso, cuando quería resolver o terminar la relación familiar con un *filius-familias* pudiendo disolver su relación a su antojo. Sin que aparezcan, al modo de lo que ocurre hoy en día, obligaciones como la manutención o la custodia. Su voluntad era la ley suprema, y no había, en general, ningún recurso legal o principio de derecho público en el que se pudiese basar una posible contravención a su autoridad incluso si ésta era ejercida con una inusitada crueldad. Este poder, inherente

---

245 En tal sentido se aprecia una más que apropiada comparativa en POUND R., *The Spirit of the common Law*. College of Law, Faculty Publicatios, (Universtity of Nebraska. 1921), p. 27 y ss.

246 Siendo los estados de la en los que no se exige el requisito de la mayoría de edad los siguientes:
-Alaska: en donde se hacía referencia a los «inhabitants» o habitantes.
-Colorado: «any inhabitant», cualquier habitante.
-Connecticut: en donde al menos se recoge «only older than child».
-Delaware: «any resident».
-Illinois: que parece ser un poco más exigente «any reputable person».
-Indiana: «any person».
-Maine: «any inhabitant».
-Maryland: «any person».
-Michigan: «any person».
-Minnesota: «any resident».
-Mississipi: «any person».
-Missouri: «any reputable person».
-New Hampshire: «any person».
-Oregón: «any person»
-Rhode Island: «any person».
-South Carolina: «any person».
-Tennessee: «any person».
-Washington: «any person».
-West Virginia: «any person».

247 POUND R., *The Spirit of the common Law*. College of Law, Faculty Publicatios, (Universtity of Nebraska, 1921). p. 27 y ss.

al *pater-familias* era ejercitado por los ciudadanos romanos quien era permanente y residía en el antepasado supérstite varón de más edad.

Tanto en el derecho de base civil como en el derecho de base judicial el padre y la madre están obligados a la custodia y manutención de sus hijos legítimos[248], cesando cuando éstos alcanzan la mayoría de edad, aspecto no presente en modo alguno en la antigua Roma. A diferencia de nuestra legislación donde la mayoría de edad ya esté fijada en una edad u otra, implica el derecho a la emancipación en todos los países occidentales. En Derecho romano, sin embargo, la patria potestad se perpetuaba durante toda la vida del *pater-familias* y los deberes y obligaciones de los miembros de la familia continuarán ininterrumpidamente mientras él viva. La diferencia entre nuestra sociedad occidental actual y la romana según Hamersley juez de la Corte Suprema de Connecticut está basado en el principio de que cada miembro al llegar a su mayoría de edad es responsable de sus propios actos, siendo el control paterno de los mismos solamente extensible hasta la mayoría de edad de éstos. Por otra parte, en una sociedad basada en el Derecho Romano se extendería mientras durase esta unidad familiar basándonos en «el principio de que la patria potestas es orgánica»[249]. La igualdad entre el padre y la madre predicable en el derecho inglés desde 1925[250] no era ni mucho menos predicable en Roma, donde la preeminencia del padre era absoluta. También ha de distinguirse el hecho de que en nuestra sociedad al igual que la basada en el *Common Law* los derechos legales y obligaciones existentes entre padres e hijos existen o perduran solamente durante la minoría de edad, nunca siendo extensibles, salvo excepciones fundadas, a la mayoría de edad. No siendo un padre responsable por un posible *tort*[251] que un

---

248   La custodia de los hijos ilegítimos correspondía a la madre y tanto los derechos de paternidad como los de maternidad pueden ser perdidos por una conducta impropia de cualquiera de los progenitores en la actualidad.

249   *Appeal of Woodward*, 81 Connecticut 152.

250   *Guardianship of Infants Act*, 1925.

251   *«A tort, in common law jurisdictions, is a civil wrong that unfairly causes someone else to suffer loss or harm resulting in legal liability for the person who commits the tortious act, called a tortfeasor. Although crimes may be torts, the cause of legal action is not necessarily a crime, as the harm may be due to negligence which does not amount to criminal*

hijo pueda realizar válidamente una vez sea mayor de edad a menos que entre los dos exista alguna otra relación jurídica que lo justifique ya sea un mandato «*principal and agent*» o una relación laboral o similar. Los deberes inherentes a la patria potestad no se extienden más allá de lo puramente moral salvo casos de incapacidad del hijo fundada en los motivos legales concurrentes. Siendo únicamente extensible en nuestro ámbito la patria potestad a los hijos, por su parte se extiende en Roma a los nietos e incluso a otros descendientes; tanto los matrimoniales, como los extramatrimoniales[252] y en lo que a nosotros más nos atañe, afecta por ende a los hijos adoptivos.

En lo que a la autorización para contraer matrimonio se refiere es obvio que en Roma era «*conditio sine quae non*» ya que todos se encontraban bajo la autoridad del *pater familias*, pudiendo el padre obligar a un *filius familias* a casarse o incluso compelerlo al divorcio (potestad, ésta negada por VOLTERRA). En las legislaciones posteriores, en caso de que los hijos sean menores así debiere ser desde el Concilio de Trento, pero pudendo ser válido incluso sin cumplimiento de tal requisito. Aspecto atacado ferozmente por la legislación francesa, según la cual, el matrimonio sería nulo por vicio de violencia[253]. Lo anterior no se hacía necesario en Inglaterra ya que, a los sacerdotes y a los encargados de los registros matrimoniales, les está prohibida la celebración o registro de un matrimonio sin los debidos «*consents*».

La exigencia de legitimación para ejercer la patria potestad sobre los hijos extramatrimoniales se exige sólo hacia la época final del Imperio, siendo Constantino quien promulga la primera ley sobre legitimación de hijos nacidos en concubinato, legitimándose la situación con las posteriores o subsiguientes nupcias matrimoniales de sus progenitores naturales.

---

negligence. *The victim of the harm can recover their loss as damages in a lawsuit. In order to prevail, the plaintiff in the lawsuit must show that the actions or lack of action was the legally recognizable cause of the harm. The equivalent of tort in civil law jurisdictions is delict*». Cfr. W. H. ROGERS, *Winfield and Jolowicz on Tort*. (Londres, 1944), p. 1.

252 GAIUS 1, 55; Inst. 1, 9 pr.; *Dig*. 1, 6, 6, pr.

253 COLIN, A. Y CAPITANT. H., *Curso elemental de Derecho civil francés*, I. nt. 155. (Reus, 1988).

La legitimación se extendió en época de Teodosio y Valentiniano; en caso de los descendientes varones haciéndose miembros de la curia municipal, o en el caso de los descendientes de género femenino mediante filiación matrimonial con un miembro de dicha curia.

Justiniano añade un tercer modo mediante un edicto imperial y a petición del padre un hijo natural podría convertirse en legítimo. Estando por consiguiente bajo la patria potestad del padre.

Con la primera forma de legitimación solamente los niños nacidos en concubinato podrían legitimarse. No siendo esta ley aplicada al «espurio» o hijo bastardo. Siendo además en época de Justiniano que durante el concubinato no hubiese impedimento legal al matrimonio de los padres naturales; requiriéndose que el hijo que tuviese edad suficiente no interpusiere objeción a su propia legitimación bajo la autoridad del que pasaría a ser su *pater familias* y por ende sujeto activo de una enorme potestad sobre el ahora hijo legítimo.

Si la legitimación fuese hecha bajo la forma de edicto imperial se habría de probar el impedimento matrimonial por muerte desaparición de las esposas, por otro matrimonio u otra circunstancia legalmente aceptada para tal impedimento matrimonial. La legitimación por edicto también podía tener un origen testamentario si el padre así lo hubiese indicado como su voluntad *post mortem*[254]. Debido a esto, Justiniano en su «117.ª Novela» cita que con su edicto se puede legitimar a un hijo extramatrimonial con la simple voluntad paterna pese a no haber en derecho romano una figura que legitime o ilegitime hijos simplemente por testamento.

La aprobación de esta legitimación depende de la confirmación por parte del emperador. El hijo o hija de un ciudadano romano que en su testamento hubiese reconocido un hijo natural con una persona con la que no estaba impedido para estar casado ha de ser legitimado.

La legitimación *per oblationem curiae* es efectuada por el padre, éste compraba para su hijo un puesto *(decurio)* en el gobierno local, la compra de este puesto era increíblemente cara dada la dignidad que implicaba, y el coste social que suponía. No siendo esto más que una compra de legitimidad por

---

254 *Nov.* 89, 10.

parte de un padre para su hijo. Se cree que esta ley reflejaba el deseo del emperador Teodosio de preservar la unidad familiar en los puestos de poder, que continuase ejerciéndolo las familias naturales de sus titulares. Pudiendo ser esto considerado como una adopción de su propio hijo ya que en la época era imposible reconocer la paternidad de un hijo por medios como los disponibles en las pruebas de paternidad actuales.

Siguiendo la Ley Romana Imperial, es la regla general en países de Derecho Civil modernos que un niño ilegítimo se puede legitimar con un matrimonio posterior entre sus padres naturales. Sin embargo, algunos códigos distinguen entre hijos «naturales» y *spurious*. En el caso de los primeros, no existía impedimento para el matrimonio de los padres en el momento de la concepción, además se exigía el reconocimiento oficial de los padres de ese hijo realizado de manera formal o utilizando un instrumento legal.

Partiendo del Derecho Romano algunos de nuestros códigos, como sería el caso del francés, definen al hijo legítimo no como el nacido dentro del matrimonio, sino que añaden que se aplica una presunción de legalidad al niño nacido no antes de los 180 días después de la unión matrimonial. A sensu contrario se considera legítimo al hijo nacido dentro de los trescientos días posteriores a la disolución matrimonial, esta previsión presente en multitud de códigos de nuestro entorno es de herencia romana, la cual, constituía en heredero al nacido dentro de los diez meses posteriores a la muerte del padre.

Por el contrario, el derecho civil actual de origen anglosajón o *Common Law* no tiene en cuenta el intervalo entre el matrimonio y el nacimiento. Si el niño es nacido dentro del matrimonio el niño es legítimo independientemente del momento de la concepción, sin que en el derecho anglosajón se fije el número de días después de la finalización del vínculo matrimonial dentro del cual el hijo sea considerado legítimo. Lo que sí es admitido es el testimonio médico en caso de disputa para dilucidar las circunstancias que pueden llevar a la conclusión de que se ha dado un periodo de gestación más largo o corto en ese caso concreto.

En el particular caso del *Common Law* un «bastardo» o hijo legítimo solamente puede ser legitimado por una ley parlamentaria[255].

---

255 Kent's Com. 2, 209; Beall v. Beall, 8 GA. 210; Robinson v. Ruprecht, 191 III. 424.

En el derecho de origen anglosajón también se han conferidos derechos de legitimad o, mejor dicho, se ha legitimado a descendencia a través de actos legislativos especiales en ausencia de cualquier previsión legislativa. En algunos estados se ha procedido a legitimar a la prole ilegitima a través de sucesivos matrimonios, siempre que sean conocidos por el padre[256].

En otros casos se procede a hacer esta legitimación por el simple y publico reconocimiento por parte del padre sencillamente[257]. Por otra parte, Inglaterra siempre se ha negado a aceptar la doctrina romana de legitimación mediante sucesivos vínculos matrimoniales de los padres naturales del hijo nacido fuera del matrimonio. En el parlamento de Merton, las autoridades eclesiásticas se empeñaron en aprobar tal ley, pero los condes y barones ingleses al unísono se opusieron a una ley que no había sido utilizada, ni por ellos aprobada[258]. El único cambio a este respecto que se dio en la normativa inglesa ha sido el de aceptar la legitimación de la prole por matrimonio posterior siempre que el padre del niño estuviese domiciliado en un lugar en donde se reconociese tal legitimación matrimonial (lo que a nuestro entender sería el reconocimiento de los efectos de una ley extranjera en suelo patrio). A sensu contrario, si el padre residiese en Inglaterra en el momento del nacimiento de su hijo ilegítimo este no podría nunca ser legitimado en Inglaterra, aunque el padre se uniese con la madre por vínculo matrimonial en cualquier país que reconociese la legitimación en esta forma[259] (no reconociendo aquí legitimidad a una norma extranjera en suelo inglés).

---

256 Stevenson v. Sullivant, 5 Wheat. (U. S.) 207; Miller v. Pennington, 218 III. 220; Breidenstein v. Bertram, 198 Mo. 328; Rockingliam v. Mount Holly, 26 Vt. 653

257 Caso Jones, 166 Cal. 105; Murphy v. Murphy, 146 Iowa, 255; McLean v. McLean, 92 Kan. 326.

258 La reunión tuvo lugar en 1236 y los barones ingleses, una voce, proclamaron: nolumus Angiae leges mutare para rechazar la introducción en la Isla del sistema romano-canónico de la legitimación de los hijos naturales. Cfr. L. RODRÍGUEZ ENNES, «La recepción del Derecho Romano en Inglaterra» (Granada, 1995), p. 203

259 2T Birthwhistle v. Vardill, 7 CL & Fin 595; Re-Grove, 40 ch. pág. 210; Munro v. Munro, 7 CL & Fin 842.

9.4. Estudio comparativo de la adopción

Vista la legitimidad pasamos ahora a ocuparnos de la adopción propiamente dicha.

La adopción en la familia agnaticia romana podría ser efectuada de dos maneras:

– Por arrogación.

– Por adopción propiamente dicha.

La primera es la más antigua y sólo se aplica cuando la persona adoptada lo era *sui iuris*, es decir no dentro de la patria potestad de un ascendiente.

Se conocía como *arrogatio* o *adrogatio* y esto es debido a que el pueblo romano era preguntado en asamblea si se manifestaba a favor o en contra del proceso de reconocimiento. GAYO afirma que se llama adrogación debido a que en asamblea adoptante y adoptado son inquiridos al respecto de la afirmación y aceptación voluntaria de esa nueva situación.

El propósito de la arrogación era proporcionar un heredero al que no lo tenía, ni tenía razonables expectativas de hacerlo por sus propios medios, las reservas legales eran las de estar casado y tener más de 60 años; no tener hijos propios ni ser de menor edad que el hijo que se pretende adrogar; Justiniano declara que esto es una violación del derecho natural o la naturaleza, debiendo ser el que adopta; ya sea por adopción o por adrogación, al menos dieciocho años mayor que el adoptado; siendo otras adopciones/adrogaciones irregulares tal como cita Cicerón al respecto de la adopción realizada por Publio Fonteyo sobre Publio Clodio Pulcro. Este plebeyo de solamente veinte años lo adoptó con la intención de que el segundo pudiese ser, con la connivencia del Cesar, tribuno de la plebe. Cargo que no podría desempeñar de otra forma ya que su origen era patricio, siendo este un claro e histórico caso de fraude de ley en la legislación romana.

Otra peculiaridad de la adrogación romana es que el *pater familias* del arrogado (adoptado por adopción) pasa a ser el *pater familias* de toda su prole. En este sentido GAYO dice que Augusto adopto a Tiberio sólo cuando este ya hubo adoptado, por su parte a Germánico, siendo así este último nieto de Augusto y este último el dueño de todos sus bienes según la ley romana al ser Augusto el nuevo *pater familias*.

El procedimiento en la adrogación durante la República es llevado a cabo por Comitia *curiata* y posteriormente durante el Imperio en el *Comita centuriata*. La adrogación es vulgarmente conocida por el pueblo como *adoptio per populum*. Esta cuestión que es presentada a la asamblea y aprobada por un acto legislativo formal. En la cultura romana la arrogación era más que un mero acuerdo entre dos partes, era una cuestión de política pública ya que implicaba la posible desaparición de una familia romana, de sus ritos y tradiciones. Recordemos que la familia romana pese a posibles opiniones divergentes es la base de la civilización romana, por lo que se consideraba que debía de ser sancionado por un acto legislativo, con la fuerza pública que ello otorga. La adrogación debía de tener lugar solamente en Roma ya que era allí donde las partes comparecían ante la asamblea. Las mujeres no podían aparecer ante la asamblea y por tanto no podían ser adrrogadas.

GAYO nos dice que como el consentimiento del adrogado era requerido para este acto aquellos que no tuviesen la edad legal no podían ser adrogados[260]. En época imperial el procedimiento cambió, y la adrogación realizada mediante la autorización imperial podía recaer o tener como sujetos activos u adoptados/arrogados a impúberes y mujeres[261].

La adopción propiamente dicha en contraste con la arrogación la cual era una adopción de un *sui iuris* siendo el adoptado *alieni iuris*, es decir bajo el poder que la patria potestad implica sobre otra. Por lo cual, no era considerado un asunto de interés público en este caso sino un asunto meramente privado siendo la transferencia del amplio poder que implica la patria potestad de un sujeto activo y ejerciente a otro. El adoptante utilizando la antigua ley romana pasa a tener el mismísimo y amplísimo poder que tiene sobre sus hijos naturales (aspecto que cambiaría con Justiniano). Al respecto del adoptado y en cuanto a la forma y amparándose en el amplio poder que le da la patria potestad es la venta sucesiva en tres ocasiones seguidas de este hijo.

La patria potestad daba la facultad de vender a un hijo, a quien fuese ciudadano romano, como pago por una deuda, convirtiendo al niño en siervo, siendo el hijo semejante a un

---

260 GAIUS 1, 100 y ss.
261 ULPIANO, Frag. 8, 5; *Dig.* 1, 7, 21; *Inst* 1, 11, 3.

esclavo, vendiéndose con tal práctica en servidumbre a su hijo. Al *pater familias* pertenecía todo lo que éste adquiría (excepto el peculio al igual que ocurría con los esclavos), pudiendo el padre llegar a entregar a su hijo como pago por los delitos que el *filius familias* hubiera podido cometer, quedando el padre así exonerado de su posible responsabilidad mediante esta figura conocida como *«noxa»* el *filius familias* pasaba a ser un cuasi-esclavo del agraviado. Es de resaltar el límite de las tres ventas, que se fija en las Doce Tablas implicaba que si el hijo era vendido tres veces. Este quedaría libre de su padre. El método de las tres ventas o tres emancipaciones solo era en caso de los hijos varones, en caso de que fuese un nieto o una hija con una sola venta sería suficiente[262]. El sistema de las tres ventas era empleado tanto para la adopción como para la emancipación.

En el singular caso de la adopción el único requisito posterior era que el nuevo padre adoptivo, posteriormente a la tercera venta, comparecía ante el tribunal y reclamase al hijo como suyo propio, si el padre natural no interponía ninguna objeción y el magistrado así lo declarase al comprobar el cumplimiento de los requisitos legales así era establecido.

Este procedimiento difiere en gran medida de la arrogación[263], siendo esta adopción llamada la adopción pretórica o judicial.

Ya en época de Justiniano se erradica el procedimiento de la venta fictícia y reclamación judicial del hijo o *«vindicatio»* substituyéndolo por un acuerdo escrito de las partes ante un tribunal[264].

Debido a que la arrogación podía tener lugar solamente en la ciudad de Roma, con los inconvenientes que eso conllevaba para los residentes en las provincias, se autorizó que se llevase a cabo en aquellas la adopción judicial[265], e incluso Justiniano permitió a las mujeres que hubiesen perdido a sus hijos la adopción y a los no casados[266]. Las personas inde-

262 *Ibídem*, 1, 134.
263 «Adoptio per Populum».
264 *Inst.* 1, 11, 1; 1, 12, 8.
265 GAYO, 1, 100, 101.
266 *Dig.* 1, 7, 30.

pendientemente de su sexo y de su edad podían adoptar[267], esto no afecto a los hijos nacidos previamente al adoptado ya que permanecieron bajo el poder del ancestro natural. Pero los niños nacidos con posterioridad a la adopción, es decir dentro del poder del nuevo *pater familias adoptantes*, como no, pasaron a estar bajo su autoridad y amplia potestad, si bien en caso de que la adoptada estuviese encinta antes de la adopción el nuevo vástago estaría bajo la patria potestad de su ancestro biológico[268].

Un mismo adoptado podía volver a ser dado en adopción[269] con el límite de no poder ser adoptado por el primer adoptante, y, asimismo, si un adoptante emancipase a su hijo adoptivo, la «readopción» de este estaba prohibida[270].

El poder adoptar a una persona, no solo, como hijo sino también como nieto hoy nos resultaría sorprendente, en Roma estaba permitido incluso en caso de no tener hijos con lo que sólo se tendrían nietos. En los casos que teniendo hijos naturales se adoptan nietos era necesario el consentimiento del hijo natural, ya que no se le debía imponer al hijo un heredero forzoso y no querido por éste; contrariamente a este razonamiento un abuelo sí que podía dar a su nieto en adopción sin el consentimiento de su hijo[271].

Justiniano realizó un importante cambio legislativo en este sentido; distinguiendo entre la adopción hecha por un ancestro alguien con el que había lazos familiares o de sangre y la hecha por una persona sin relación familiar, ajeno, al adoptado.

En la adopción hecha por un ancestro se aplicaría la antigua ley y el adoptado estará bajo la patria potestad del que adopta como podría ser cuando un padre da a su hijo en adopción al abuelo materno, o cuando un abuelo adopta al nieto de un hijo emancipado.

En el caso de que el adoptado fuese dado a un extraño ajeno a la familia persistía el vínculo paternal con el poder o potestas que ello implicaba. El hijo adoptivo tenía derecho

267 GAYO 1, 101, 102.
268 JUST. 1, 12, 9
269 *Inst*. 1, 11, 8.
270 *Dig.* 1, 7, 37, 1
271 *Inst*. 1, 11, 5-5.

a la herencia en caso de sucesión testada al respecto de su padre, pero el hijo adoptivo no estaba bajo su potestad dado el hecho de que pertenecía a la potestad de su padre natural[272].

Esta tardía forma de adopción se llama adopción menos plena. Siendo la plena la efectuada por un ancestro.

La adopción es reconocida hoy en día por multitud de países con sistemas de derechos codificados como es el caso de España y países del *Common Law* como el Reino Unido o EE. UU.

Este derecho ha sido regulado de muy diversas formas en los distintos países y con diversas peculiaridades; el artículo 343 del Código Civil francés nos dice que el adoptante debe tener más de veintiocho años, sin hijos y al menos quince años más que el adoptado, la anterior redacción fijaba la edad en cincuenta[273]. De las zonas anglosajonas con más influencia latina serían los Estados de Tejas y Luisiana, en este último adoptante y adoptado debían de ser del mismo sexo, a menos que la adopción fuese realizada por un matrimonio en conjunto[274].

Por su parte, los países anglosajones en los que impera el *Common Law* no usaban esta institución[275] siendo en el estado anteriormente citado donde aparece por primera vez en 1808, posteriormente fue abolido en 1825 y reestablecido en 1865. Previamente se calificada a la adopción como un estatus legal derivado de la Derecho Romano. Difiriendo las leyes de los estados, ampliamente, del concepto romano de adopción, así pues, en cuanto a la capacidad más o menos limitada de suceder a un pariente no consanguíneo ha de ser entendido bajo el prisma del derecho propio, con sus particularidades en cuanto a las condiciones y efectos, no siendo necesario la aplicación con la adopción en Derecho Romano[276].

272 *Ibídem*. 1, 11, 2.
273 Una evolución jurídica similar se da en Alemania e Italia
274 Louisiana C. C. 214., Dupre's Succession, 116 La. 1090 y ss.
275 Caso Thorne, 165 N.Y. 140; Caso Ziegler, 82 N.Y. Misc. 346, 350; Ross V. Ross, 129 Mass. 243.
276 HAMMERSLEY, J., en apelación de Woodward, 81 Connecticut 152.

Estados americanos de tradición más civilista como los anteriormente citados extienden su influencia a otros y beben del concepto romano de adopción; por su parte Inglaterra siguiendo la tradición anglosajona no reconoce tal institución legalmente.

En nuestra opinión aplicando la lógica, la jurisprudencia americana ha reconocido al derecho romano como fuente de esta institución, ponderando el hecho de que la ley romana es base de multitud de legislaciones estatales al respecto y debe ser declarada fuente legislativa a aplicar al respecto de esta institución adoptiva[277], por ende, también utilizada judicialmente[278].

9.5. Estudio comparativo de la guardia y custodia

La extinción de la patria potestad al modo romano no quiere decir, por otra banda, que se haya extinguido el cuidado y control paterno, que este haya desaparecido lo que sí desaparece es la diferencia entre personas sometidas a patria potestad y las no sometidas o emancipados.

En nuestra legislación los términos minoría de edad e infancia o niñez, si bien no exactos, son sinónimos o palabras con una función legal cuasi similar.

En Roma la ley divide a los menores en tres clases:

– infantes (menores de 7 años)[279].

– impúberes (entre 7 y 25 años)

– púberes (mayores de 25)

Modificaciones legales posteriores fijan la edad de la pubertad en catorce años para los varones y doce para las mujeres[280], los que pasaban de la pubertad y no llegaban a tener los veinticinco años eran conocidos como púberes

---

277 En este sentido se ha pronunciado la corte suprema de Indiana y Vermont.

278 La analogía al respecto de la ley romana en lo que atañe al derecho de familia se ha de aplicar con precaución y cautela; en este sentido: FOWLER, S., en el caso Ziegler, 82 N. Y. Misc. 346.

279 *Inst.* 1,13 pr.

280 *Inst.* 1, 22, Pr.

menores de veinticinco años. Aquellos que hubiesen cumplido los 25 años eran considerados mayores independientemente de su sexo.

El cuidado, guardia y tutela de los niños que no habían llegado a la pubertad era una doctrina, lo mismo sucedía con las mujeres, pero con estas duraba toda la vida de aquella. Solamente hasta que contraía matrimonio, cuando, sencillamente se cambiaba el titular, pero seguía bajo el control de un paterfamilias. No solo se trata de proteger a las personas, en sí mismas, durante su infancia cuando son más vulnerables, sino que extiende tal protección a los derechos de la familia, independientemente de la clase que éstos sean.

Las Doce tablas reconocen ambas figuras; la del *pater familias* y la del tutor. El *paterfamilias* podía nombrar un tutor legal de la familia, más si moría sin testamento, el primer varón agnaticio se convierte en paterfamilias por ley[281], (también podría ser nombrado tutor como veremos posteriormente), con todos los deberes que ello implica.

La guarda y cuidado de las mujeres y los impúberes se llamó tutela. Siendo la primera la tutela de las mujeres, la siguiente la tutela de los impúberes. La tutela intermedia hasta la mayoría de edad era conocida como curia, siendo explicada sencillamente como una pseudotutela o tutela reducida.

La tutela según Justiniano y tal y como la define Servio es el derecho y el poder sobre una persona autorizado por el *Ius Civile* para la protección de uno, el cual, por razón de su edad, es incapaz o no tiene suficiente capacidad todavía para protegerse a sí mismo.

Según la antigua ley la tutela era una clase de potestad menos autoritaria que el poder paterno, el que la ejercía sobre el menor era el tutor y el que la recibía, el menor era conocido como pupilo. El tutor había de proteger y defender a los que están bajo su cuidado[282].

La tutoría de un menor o impúber era la guarda del propio menor y de sus propiedades si las tuviese.

---

281 *C*. 6, 45, 5.
282 *Inst*. 1,13,1.

El *pater familias* mientras viviera era el tutor del impúber, pero cuando éste moría, el menor podía encontrarse bajo la supervisión de un tutor, que no tendría ni que pertenecer a la familia, solamente haber sido nombrado por el *pater familias* en su testamento.

Las labores del tutor eran en líneas generales el cuidado y educación del menor[283], autorizar y supervisar las transacciones legales del menor y cuidar de sus posesiones y propiedades por él. Un tutor no tenía necesariamente que custodiar al niño ni actuar como maestro o profesor. En la actualidad, y derivado de la ley romana, un tutor realiza estas labores o es identificado como aquel que ejerce una actividad docente con especial responsabilidad sobre unos alumnos.

En Roma la madre supérstite del *pater familias* era la encargada de ese deber de cuidado del menor[284], excepto que el padre dispusiese otra cosa testamentariamente. Si la madre también hubiese fallecido la custodia solía otorgarse a otro familiar cercano al estilo de lo que se realiza en nuestro entorno social[285].

La tutela que implicaba el cuidado y gestión de la propiedad, esto se le llamo *«gestio»*. La tutela no implicaba siempre la gestión de la propiedad debido a que el pupilo no tenía por qué tener, necesariamente, propiedades.

En cada tutela los deberes del tutor eran los de proteger y guardar a su pupilo en todos sus actos y negocios jurídicos. Una tutela de un niño de menos de siete años implicaba que el menor no podría realizar ningún acto sin su tutor. Más allá de esa edad él podría realizar ciertos actos que no le supusiesen un perjuicio sin la autorización de su tutor[286]. Por otra banda, aquellas transacciones o negocios jurídicos claramente ventajosos para el menor podían ser realizados sin la sanción del tutor[287].

---

283 *C.* 5,49.
284 *Dig* 26, 7, 12, 3; 27, 2.
285 No siendo infrecuente en nuestra sociedad que un sobrino este criado por un tío o un nieto por sus abuelos maternos, etc.
286 «Auctoritas».
287 GAYO 3, 107.

Cuando la encomienda de una actividad como la tutoría estipulaba que ciertas acciones se habían de hacer con o sin la autorización del tutor así habría de realizarse[288].

En transacciones como ventas, compras, arrendamientos, depósitos o mandatos era absolutamente necesaria la *auctoritas* o autorización por parte del tutor, de lo contrario, no tendrían validez.

El momento oportuno de tal consentimiento había de ser el previo o inmediato al contrato ya que un consentimiento posterior o confirmatorio no tendría efectos legales[289].

El tutor por su parte no podría negarse arbitrariamente a darlo, siendo su deber legal el asentir a cualquier negocio ventajoso para el menor.

En nuestra opinión, la labor era muy similar a la figura actual no siendo necesaria la autorización para aquellos negocios de escasa magnitud o transacciones diarias y siéndolo para los grandes negocios o empresas[290].

Los tutores habrían de ser designados de alguna de las siguientes formas: testamentariamente, por un magistrado o por Ley.

Un padre que fuese un paterfamilias podía designar un tutor para su hijo impúber. Si esta designación fuese por herencia sería un tutor testamentario y si fuese designado por ley sería un tutor legítimo o legal[291].

Las Doce Tablas nombraban tutor al primer varón agnaticio, pero Justiniano da la tutoría al pariente más cercano, ya sea agnaticio o cognaticio[292]. Si el tutor no hubiese sido designado testamentariamente ni estuviese cualificado para ejercer su labor como tutor sería nombrado por un magistrado, siendo este conocido como tutor dativo[293].

---

288 *Inst.* 1, 21, pr.

289 *Inst.* 1,21, 2.

290 La figura se presenta con miméticas características prácticas a la actual no obligando a autorizar la compra de una bolsa de patatas fritas en la actualidad ni posiblemente la compra de un pescado en la Roma de la época.

291 *Dig.* 26, 4.

292 *Inst.* 1, 17, pr.

293 *C.* 1, 3, 52.

Requisitos indispensables para ser tutor eran: el de ser ciudadano romano, varón, mayor de 25 y estar capacitado para ejercer su función[294].

El encontrarse bajo la patria potestad de un ancestro no era impedimento para poder ejercer tal función. Por otra parte, las limitaciones que implicaba la patria potestad para ciertos asuntos públicos, aunque ya vimos que en esencia no son tantas, desaparecían debidos su nueva función[295].

Justiniano autorizaría a las mujeres a ser tutores de sus propios hijos o nietos[296].

El hecho de ser nombrado tutor era considerado como un deber púbico, no pudiendo el nombrado rehusar aceptarlo[297].

Las exenciones al cargo solo podían ser[298]:

– ser mayor de setenta años.

– ser oficial del estado.

– ser maestro.

– ser físico.

– tener tres o más hijos vivos.

El ser tutor era un deber y un honor. No estando permitido cobrar o recibir retribución alguna por el ejercicio de su labor, ni autorizar actos que impliquen su propio enriquecimiento a través de su pupilo[299].

Su primer deber legal era hacer inventario de las propiedades si las hubiese o éste no estuviese hecho[300]. Se habría de invertir el dinero en efectivo en algo rentable, como pudiese ser la compra de tierras en un plazo razonable desde la toma de posesión del cargo[301]. Las tierras, propiedad del menor,

---

294 *Inst.* 1,25, 13.
295 *Dig.* 1,6, 9; *Dig.* 27, 1, 7.
296 *Nov.* 118, 5.
297 *Dig.* 27, 1, 2, pr.
298 *Dig* 27, 1, 2, pr; Inst. 1, 25, 1; Inst. 1, 25, 15; Inst. 1,25, pr.
299 *Dig.* 26, 7 33, 3; *Dig.* 26, 8, 1, pr.
300 *C.* 5, 51, 13.
301 *C.* 5, 37, 24.

no podían ser vendidas, salvo autorización, en el mandato testamentario o autorización del Pretor[302].

Constantino prohibió toda clase de venta desautorizando, ya no solo a los tutores a vender las tierras, sino a vender también cualquier otro tipo de bien cuando, como ya vimos, el tutor no tuviese autorización suficiente para hacerlo por muy pequeño o insignificante que fuese su valor[303]. La tutela sobre un niño se extiende durante toda la pubertad de éste. Si bien el cómo ejercerla cambia bastante según la edad del menor, si este fuese un infante, prácticamente no tendría capacidad alguna. Al impúber se le reconocía cierta capacidad, solamente para aquellos actos que lo pudiesen beneficiar. Lo que no significaba que pudiese repudiar un contrato por falta de sanción o autorización de su tutor y retener el beneficio de este[304].

El tutor durante el ejercicio de su cargo debía proceder con cuidado, cautela y ejercer su cargo con la prudencia de un buen padre de familia.

Si un tutor actúa de manera corrupta o fraudulenta, disponiendo de las propiedades de su pupilo, sería condenado penalmente[305]. Siendo el deber del tutor ejercer el cargo con más cautela y eficiencia que la que aplicaría incluso en sus propios actos y al respecto de sus propiedades. De no ser así y gestionar dolosamente las propiedades de su pupilo, sería culpable, no solamente por fraude, sino por negligencia[306], siendo consecuentemente removido de su responsabilidad[307].

Antes de Justiniano, un tutor podía renunciar a su responsabilidad cuando no quisiese seguir ejerciéndola. El Emperador lo prohibió salvo causa justificada y así aprobada por un magistrado.

Cuando el varón tutelado alcanza la pubertad, el tutor ha de hacer un inventario[308]. Si no se hiciese voluntariamente

---

302 *Dig.* 27, 9, 1, 2.
303 *C.* 5, 37, 24.
304 *Dig.* 44, 1, 4.
305 *Dig.* 1,12,1,7.
306 *Dig.* 27, 3, 1, pr.
307 Gayo 1, 199.
308 *Dig* 27,3, 1,3.

el, ya puberto puede compelerlo a hacerlo y también debe informar de las necesidades que observa en su situación, de la necesidad o procedencia de otra forma de guarda como la de un curador[309] que gestione sus bienes hasta su mayoría de edad[310].

Este curador, si lo fuese a ser, también habrá de ser ciudadano romano obligatoriamente y mayor de veinticinco años.

La segunda clase de tutela previamente nomenclada es la tutela *mulierium* y esta no cesa con la pubertad de la mujer a los doce años, sino que continúa hasta que pasa a estar bajo otra patria potestad o hasta que contrae nupcias[311].

El Derecho romano antiguo mantenía a la mujer en una especie de perpetua necesidad de tutela o imposibilidad de adquirir una capacidad absoluta al estilo de lo que ocurría con los varones.

El tutor no gestionaba sus propiedades cuando ella alcanzaba su pubertad, pero sin su autorización, ésta apenas estaba autorizada a llevar a cabo pequeñas gestiones.

Esta situación cambia con la Lex Claudia y la tutela absoluta que existía sobre los actos de las mujeres fue abolida. Ya con Teodosio y Honorio desaparece definitivamente[312].

El ejercicio de la función de tutor sobre un menor que no hubiese alcanzado la pubertad terminaba cuando éste cumplía los 14 años y no se extendía hasta los veinticinco. Pudiendo realizar transacciones o negocios de gran calado sin la autorización de su tutor y pudiendo gestionar por sí mismo sus propios bienes pasando a un *status* de *sui iuris*.

A pesar de los anterior seguía estando protegido en caso de que un adulto hiciese cualquier clase de negocio fraudulento con el del que se derivase un perjuicio para el menor podía reclamar, si bien fácticamente los adultos quitaban ventaja en sus transacciones de la falta de experiencia del menor.

Antes del año 183 D. C. la «Lex Praetoria» establece que todo aquel que defraude a un menor será públicamente cas-

---

309   *Dig.* 26, 7, 5, 5.
310   La mayoría de edad romana es fijada en los veinticinco años.
311   Gayo 1, 144.
312   *C.* 8, 58, 1.

tigado. De igual forma se les permitía acudir a un magistrado para que designase a un curador que administrase sus bienes en caso de considerarlo necesario.

La acción del Pretor en caso de comprobar la existencia de fraude alegada por un menor sería la de restituir la cosa a su estado original[313].

El menor recobraba lo que le habían sustraído fraudulentamente o la cantidad económica que hubiese perdido o procedía a ser justamente compensando[314].

La posibilidad de ejercer esta acción de restitución o compensación se dilataba hasta los veintinueve años, cuatro años de plazo desde que se alcanza la mayoría de edad romana[315]. Siendo el único requisito necesario una declaración en la que constase que el menor había sufrido un perjuicio económico debido a su minoría de edad o falta de experiencia. Esto provocó que los adultos no tratasen con menores sin la supervisión de su curador y sólo y cuando el curador aprobase la transacción esta se realizaba. En este caso el asunto se trataría judicialmente como si fuese un fraude no aplicándose la norma referida a la declaración de falta de experiencia[316].

Cuando un menor alcanzaba la edad de catorce años no tendría que nombrar a un curador, aunque excepcionalmente y ponderando las circunstancias se hiciese.

No obstante, un menor que hubiese cumplido los 14 años estaba obligado a tener curador, aunque fuese contrariamente a su voluntad[317], en caso de: demanda legal, en caso de pago de una deuda, en caso de justificación de cuentas de un tutor o en caso de adrogación de un menor[318]. En estos casos la parte que tuviese que tratar con el menor podía insistir en el nombramiento de un curador con estas circunstancias, con el fin de protegerse de las posibles consecuencias de tratar con alguien a una edad no suficientemente madura y, en nuestra opinión, de esta manera se protegía también al propio menor.

---

313 *Dig.* 4, 4 ,3 ,4; 4, 4, 2, 1; 4, 4, 47, pr.
314 *Dig.* 4, 4, 27, 1; 4, 4, 47, 1
315 *C.* 2, 53, 7.
316 *Dig.* 45, 1,101.
317 *Inst.* 1, 22, pr.
318 *Inst.* 1, 23, 2; *Dig.* 42, 1, 45, 2; *Dig.* 4, 4, 7, 2; C. 5,31, 7, 2; C. 1, 7, 8.

No fue hasta Marco Aurelio cuando el menor pudo solicitar que se le nombrase un curador que cuidase de sus propiedades y posesiones, un menor no estaba obligado a que se le nombrase curador general, pero un menor que tuviese valiosas propiedades quizás no tuviese la suficiente experiencia para hacerse cargo de ellas.

Los curadores eran elegidos por los mismos magistrados que nombraban a los tutores[319], siendo nombrados solo por estos magistrados.

Un padre podía nombrar a un curador en su testamento para su hijo menor, lo cual, había de ser confirmado o rechazado por un magistrado, no estando este obligado a respetar los deseos del padre, ni a refrendar su nombramiento[320].

La principal distinción entre tutor y curador era la obligación de guarda legal fáctica que tenían los tutores sobre la persona del menor. El curador no poseía suficiente autoridad[321] o poder legal sobre el menor para validar todas sus transacciones durante el ejercicio de su cargo. El púber podía disponer de sus bienes y posesiones, aunque estuviese sometido a curatela no necesitando la autorización de éste para hacerlo[322]. Sólo siendo necesaria la intervención fiscalizadora y correspondiente autorización del curador para aquellas gestiones de especial importancia en las que la otra parte requería la intervención de esta figura. Haciéndose necesaria la autorización o validación de los actos del púber en tales ocasiones.

Diocleciano por su parte estableció el requerimiento de nombramiento de un curador en caso de venta o hipoteca de las propiedades del menor[323].

En el manejo o supervisión de la economía del menor que realizaba el curador regían las mismas normas aplicadas a la figura del tutor.

Los curadores habrían de realizar su encomienda de gestión con prudencia y diligencia, pudiendo ser removidos de sus cargos en caso de incompetencia o fraude[324] por un magistrado.

---

319 *Inst*. 1, 23,1.
320 *Ibídem*.
321 Auctoritas.
322 *Dig*. 34, 3, 20, 1; 4, 4, 16, pr. ; 14, 6, 3, 2.
323 *C*. 2, 22, 3.
324 *Dig*. 45, 1, 10.

En caso de venta de las propiedades de la menor hecha bajo supervisión y autorización del curador era requerida la autorización de un magistrado para hacerla efectiva[325]. La función del curador cesaba con la muerte del propio curador y con la del menor sobre el que ejercía su función[326] o cuando este sufría una *capitis deminutio media* o máxima. Cuando el menor alcanzaba la mayoría de edad, recordemos fijada en los 25 años en Roma[327]. Su función, la de curador, es requerida solamente para negocios específicos, finalizándose cuando el negocio haya sido terminado[328].

Los curadores eran designados para personas físicas o mentalmente incapacitados para solventar sus gestiones y asuntos. Los mentalmente incapaces o que sufren prodigalidad siendo mayores de 25 años eran puestos bajo la supervisión de un curador en la época de las Doce Tablas.

Con Justiniano la guarda o cuidado que la curatela implicaba fue aplicada a aquellos que, quizás, en la época más la necesitasen: sordos, ciegos, mudos, y aquellos que padecían enfermedades incurables y eran incapaces de ocuparse de sus asuntos[329].

La nueva ley referida a la guarda tanto en los países de tradición anglosajona como en los de tradición codificadora e influencia romana tienen su origen en estas figuras derivadas del derecho romano perviviendo estos términos en legislaciones tan lejanas como la española, la japonesa, la mejicana y la alemana.

En ciertas zonas de Norte América el término derivado del romano tutor se corresponde en general con el de *«Word Guardian»*[330] que vendría a ser una figura muy similar a nuestra tutela[331] teniendo los curadores en estas zonas obligación legal de cuidar de los ausentes[332] y para gestionar las

---

325 *C*. 5, 71, 16.

326 *Inst*. 1,22, 3.

327 *Inst*. 1, 23, 3, pr.

328 *Dig*. 27, 1, 10, 8.

329 *Inst*. 1, 23, 4.

330 En Missouri el término curador ha sido adoptado para la guarda legal que ejerce el propio estado: Duncan v. Crook, 49 Mo. 116; Lamed v. Renshaw, 37 Mo. 458; State v. Omeer, 101 Mo, App. 660.

331 Louisiana Rev. C. C., tit. VIII.

332 Rev. C. C. art. 47 y ss.

propiedades de los mentalmente discapacitados y de todas aquellas personas que debido a sus circunstancias personales sean incapaces de ocuparse de sus propios asuntos y gestionar su patrimonio[333]. Se realiza una designación de tutor o curador para casos de emergencia[334].

En algunos países también se crea la figura del supervisor, de tutores con distintas denominaciones, pero igual función que sería la de impedir que el menor sea perjudicado en caso de que sus intereses y los del tutor entren en conflicto[335].

---

333 Rev. C. C. art. 31 y ss.
334 En re Fortier, 31, La. Ann. 50-51; Derepas v. Shallus, 15 La. 371-373.
335 C. C. Fr. art. 420-426; C. C. Ital., art, 264-267; C. C. Japonés, art. 910; Louisiana, Rev. C. C., art. 273-280.

10.

LA ADOPCIÓN EN LA EDAD CONTEMPORÁNEA

CASTÁN la define como un acto jurídico que crea entre dos personas un vínculo de parentesco civil, del que se derivan relaciones análogas a las que resultan de la paternidad y filiación por naturaleza[336]. Recogiendo el párrafo segundo del art. 108 CC. que «la filiación por naturaleza y por adopción surten los mismos efectos».

Lo más destacable de esta institución jurídica: son las diversas finalidades que tuvo en diversos períodos; su adaptación, renaciendo de sus cenizas y pasando a un período de auge inusitado en su vertiente internacional, tras un largo sueño, en el que casi se la dio por desaparecida; su larguísima hibernación y su imparable renacimiento hasta esta denostada crisis económica que, junto con la situación geopolítica[337], y algunos casos de compra de menores —o presunta compra— han frenado, en lo que a los últimos años se refiere, el imparable ascenso de esta institución. La importancia política, que tiene durante la historia de Roma cae con el Imperio y no es hasta el siglo pasado cuando vuelve a estar en pleno auge, por lo que el tema se presenta como de gran

---

336 CASTAN TOBEÑAS J. *Derecho Civil español Comun y Foral*. (Tomo 5.º Derecho de Familia volumen 2.º Relaciones paternofiliales y tutelares), (Madrid, 1995), Pag 360 y ss.

337 Refiriéndonos aquí al caso de las adopciones en Rusia que han dado un vuelco ya que en el citado país no está permitido la adopción por parte de parejas o matrimonios homosexuales, por lo que ha de encajarse con la legislación española.

relevancia en la actualidad, especialmente en su desarrollo posterior, así como también en lo referido a la ya constatada vertiente de la adopción internacional.

A ello debe añadirse el hecho de que cuestiones, en principio extrañas a la adopción, como son la economía y la geopolítica influyen en ella demostrándonos que como acontecía en la antigua Roma es una institución muy vulnerable ante los factores externos, lo que le confiere un carácter que extralimita el simple ordenamiento familiar por parte del Derecho civil.

La adopción es una institución que ha variado, no ya a lo largo de la historia, donde ha sufrido una profunda evolución, sino que, dentro de una misma época, las diferencias entre unos y otros países son muy destacables, aún más, cuando en los diferentes ordenamientos reciben una misma terminología para regulaciones tan dispares. Siendo por un parte adecuado concluir que el origen de esta institución es, en términos generales y pese a las importantes diferencias posee una esencia y naturaleza similar.

La respuesta a la cuestión de los orígenes de la adopción ha de concluir con que su factor determinante ha de ser la finalidad perseguida por la institución adoptiva; debido a ello, ciertos autores han atribuido esta capacidad mutadora de la institución al hecho de ser una creación del Derecho o una ficción jurídica[338]. Esta irracional desconfianza por parte de ciertos autores, exagerada durante ciertas épocas, proviene quizás del vínculo cognaticio que fue absorbido desde Oriente por el Imperio romano y el cual provocó una irracional desconfianza al origen exterior o no familiar de la descendencia, cuando en su origen este hecho nunca tuvo relevancia en la cultura romana, pero que ya se manifiesta en época de Justiniano.

La consideración de filiación ficticia va penetrando progresivamente desde la época postclásica. Los agnados eran los miembros de la familia sin entrar a dilucidar los orígenes del

---

338 «No es la adopción una institución que haya mantenido rasgos uniformes permanentes y definitivos a lo largo de la Historia. Al constituir una ficción jurídica, su consistencia es muy débil y la *ratio essendi* de la misma entronca con las necesidades políticas, sociales y éticas del momento, evolucionando al compás de estas, con radicales alternativas en su existencia hasta llegar a la época moderna, en que la ficción se anula o reduce o quiza aumenta en aras de una función protectora que tiene su fundamento en sentimientos caritativos políticos o de solidaridad humana». LOPEZ ALARCÓN, M., cit., p. 5.

parentesco, natural o artificial. Aspecto que da en la familia romana postclásica, considerando el vínculo ahora como algo artificial a imitación de la naturaleza, pasando ahora a ser un sucedáneo de la filiación natural.

El cambio del centro de gravedad, de una concepción familiar agnaticia donde lo que predomina es la voluntad del *pater familias* siendo la concepción del parentesco un reflejo de lo anterior a una familia cognaticia donde lo importante pasa a ser el vínculo de sangre, provoca un gran recelo hacia la adopción.

Históricamente se puede observar el paso de unas instituciones formalistas donde el adoptante era el centro y el vínculo agnaticio lo propio a otras en las que el centro de gravedad era el adoptado pasando a ser algo artificioso e incluso formalizado de manera meramente privada, sin ninguna intervención pública. Este vínculo considerado artificial, que casi desaparece durante la Edad Media pasa a convertirse en una institución filantrópica en los textos decimonónicos[339], hasta llegar a nuestros días, donde el centro de gravedad es el interés del menor, con una fuerte intervención pública en favor de éste y una amplia regulación internacional.

Esta institución que sufre, hasta casi la extinción, y pasa a renacer con fuerza[340] después del ostracismo que la llevó a casi extinguirse reaparece en la Ilustración como una ficción jurídica; como un consuelo; como una suerte de beneficencia; regulado de manera demasiado garantista; no como medio de proteger al menor al estilo de la amplia mayoría de la legislación en materia de adopción, si no para que no pudiese encubrir otras intenciones como venía ocurriendo en la etapa anterior. En algunos casos los requisitos o garantía exigidos eran un claro reflejo de su calificación y regulación jurídica como una institución meramente filantrópica; así en el Código Civil Francés de 1804 se exigía una edad de cincuenta años para ser adoptante[341] y que no tuviese hijos legítimos[342]; en esta exagerada línea que desvirtúa la institución se requería también que el adoptado fuese mayor de diecio-

---

339 ANCEL, M.: *L'adoption dans les legislations modernes*, (París, 1958), p. 5.

340 LEAUTÉ, J., *Les éclipses et les renaissances díntitutiones en Droit civil français*, (París, 1949), p. 49.

341 *Vid*: C.C. Fr. 1804. Art. 343.

342 *Ibídem*.

cho años[343]. Con esta restrictiva regulación que no es reflejo de la avanzada propuesta de Napoleón, el cual pugnaba por una institución muy similar a la que tenemos hoy y, citando a HUC[344], diremos que la regulación queda limitada a una simple ordenación normativa de la institución de heredero.

Siguiendo a RODRIGUEZ ENNES diremos, que esta regulación es debida al temor que producía la posible mejora de la situación de los hijos extramatrimoniales frente a los naturales, condicionando tal prejuicio toda la regulación adoptiva[345].

Comenzaremos este epígrafe con una somera referencia a la normativa anterior para pasar a analizar la legislación en vigor, empezando por el renacimiento de esta institución en el movimiento codificador decimonónico, dado que aparece regulado por primera vez en el Code Napoleón pese a que no fue incluido en el primer proyecto de Código Civil de 1804[346] pues fue abiertamente repudiada por ser considerada inútil, peligrosa e inmoral, hasta que la defensa del Consejero de Estado M. Berlier consiguió introducirla[347], como también

---

343 *Vid*: C.C. Fr. 1804. Art. 346.

344 HUC, T., *Commentaire theorique et practique au Code Civil*, T. III, (París, 1892). p. 128.

345 «Institución de carácter patrimonial, sin consideración alguna de carácter afectivo (...) encuentra numerosos adversarios que tuvieron éxito llegando, sino a suprimirla, al menos a encerrarla en unas reglas tan severas que no tuvo más que raras aplicaciones en el siglo XIX». ROUAST A., «Comentaire de la loi du 19 juin 1923», en *Daroz Précise 4*, 1924, p. 257.

346 RODRÍGUEZ ENNES L. «La adopción romana: continuidad y discontinuidad de un modelo», en *Dereito. RJUSC* 18 (2009), p. 121.

347 En este sentido BERLIER, Consejero de Estado francés opta y defiende una institución filantrópica y muy restringida que es diametralmente opuesta a la opinión de NAPOLEON, quién citado por ANCEL, M., *La fonction social de l'adoption*, (París, 1954), p. 333, dice de él que «trataba de encontrar la respuesta al problema de su falta de descendencia»; independientemente de las intenciones ocultas del emperador, ha de ser alabado el intento de introducir una institución similar a la que disfrutamos hoy en día, que imitase absolutamente a la naturaleza, el propio BONAPARTE la compara con un sacramento y RODRÍGUEZ ENNES la califica como «muy avanzada para su época»; *Vid* también FENET, H., *Travailles préparatoires du Code civil*, T. X. París, p. 420; DEMOLOMBE, J. C., *Traité de l'adoption*, cit. P. 5. Finalmente, la institución que se aprueba lejos de constituir una avanzada y completa imitación a la naturaleza acaba siendo una mera institución heredero legítimo en palabras de HUC, T., *Commentaire théorique et practique au Code Civil au Conseil dÉtat*, 2.ª ed., (París, 1959), p. 1 y ss.

sucedió en diversos códigos del nuevo y del viejo mundo, así en 1804 en Francia[348], en 1865 en Rumanía y, en 1864 y 67 en Uruguay y Colombia.

En España el proyecto de Código Civil de 1851[349] en absoluto paralelismo con lo acontecido en Francia tolera la adopción[350] si bien pudiese ser calificada como «figura similar a la adopción», pero solo similar siendo esta el *prohijamiento de expósitos*, más parecida al acogimiento familiar actual. En la regulación de la adopción se observa que el adoptado conserva los derechos que le correspondiesen respecto de su familia natural[351]. GARCÍA GOYENA y ESCRICHE reconocen una utilidad en la figura y es que, abierta o tácitamente, con-

---

348   *Vid.* el dictamen de la Court de Cassation sobre la conveniencia de implantar la adopción «hay peligro en la introducción de ciertas leyes, que no están en armonía con las costumbres, cuando se imponen imperativamente; pero aquellas otras de simple facultad, leyes permisivas, que conceden un derecho, no hay peligro de ningún género en su reconocimiento y admisión». RODRIGUEZ ENNES L, *op. cit.* en nt. 372

349   Al acudir a la información pública suscitada a propósito de la redacción de este proyecto de ley y en cumplimiento de la R.O. de 12 de junio del mismo año: «manifestando que así debieran o no abolirse las adopciones. La opinión no las favorece, la Comisión las respeta por una justa consideración a los autores del proyecto». MADRUGA MÉNDEZ, J. «La adopción», en *ADC* 12, 1967, p. 751; A mayor abundamiento *vid.* GUTIÉRREZ, B. *Códigos o estudios fundamentales del Derecho civil español.* T.I., Madrid 1882, p. 600 y ss. que dice lo siguiente al respecto de la adopción: «sería innecesaria o indiferente, pero no podemos conceder que sea inmoral». *Vid.* También. FALCÓN, A. *Exposición docrinal del Derecho civil español común y foral,* T.I. (Barcelona, 1897), p. 314. según el cual la adopción sería un «remedio a la orfandad y consuelo de las personas que no tienen sucesión».; DEL VISO, J. *Lecciones elementales de Derecho Civil español,* T. I., (Valencia, 1889), p. 169. el cual afirma: «esta institución puede conducir a sentimientos de humanidad y beneficencia».

350   ANCEL, M. *L´adoption dans les legislations modernes,* p. 7 y ss.; GARCÍA GOYENA F. *Concordancias, motivos y comentarios del Codigo civil español,* T.I., (Madrid, 1852), p. 148: resalta el paralelismo entre lo ocurrido en el proyecto isabelino y el anterior proyecto francés.

351   CASTAN TOBEÑAS J. resalta el hecho de que la adopción fue acogida por decir «García Goyena, que un vocal hijo de Andalucía manifestó que en su país se daban algunos, aunque raros, casos de ella», también destaca el hecho de que pese a su efectiva regulación en los arts 173 a 180 no se trata de una adopción como la entenderíamos hoy sino de un instrumento más entendido para beneficio del adoptante que del propio adoptado. *Derecho Civil español Comun y Foral.* (Tomo 5.° *Derecho de Familia volumen* 2.° Relaciones paternofiliales y tutelares), (Madrid, 1995), p. 374 y ss.

tribuye al reconocimiento hijos extramatrimoniales[352]. VAL-
VERDE lo caracteriza como un acto jurídico determinado y de
naturaleza irrevocable mediante el que un tercero adquiere la
patria potestad, aunque el adoptado no se ve desligado de
su familia natural, conservando frente a ésta todos sus derechos. Se trata pues de un acto civil con intervención judicial. Sin embargo no hay que restarle importancia al hecho
de que sea reconocido el derecho a adoptar, puede dar la
impresión de que en la época era una institución que, si bien
no gozaba de un gran crédito, sí que al menos estaba permitida y reconocida, más se puede observar cómo en nuestro entorno europeo Portugal no la incluye en sus código de
1867, al igual que tampoco lo hacen los Países Bajos en el
suyo en el 1838 ni en ultramar lo incluyen por su parte ni
Chile en 1857 ni Argentina en el 1871. Se ha de reconocer
que la inclusión de la adopción en los códigos decimonónicos no fue una cuestión pacífica si se escudriñan los debates
y comentarios al respecto[353] realizado por la doctrina de los
diversos países, dándose algún punto de encuentro, como el
de no ser aceptada en cierto grupo o el aceptarla, pero con
una regulación tan limitadora que la priva de sentido y se
preocupa más de que esta no persiga fines espurios que de
regularla debidamente.

El mismo concepto familiar cognaticia cercena la institución adoptiva hasta la mínima expresión en la Ley de 11 de
mayo de 1888, «… fijándose las condiciones de edad, consentimiento y prohibiciones que se juzguen bastantes a prevenir
los inconvenientes que el abuso de este derecho pudiera traer
consigo para la organización natural de la familia»[354], siendo
tal regulación calificada por autores como ROYO MARTINEZ
como mal definida y poco justicada[355]. Quizás este recelo en
nuestra opinión provocado por una excesiva valoración de
lo cognaticio en contraposición con el auténtico parentesco

---

352 En tal sentido, ver GARCÍA GOYENA, F. *Concordancias*, Apéndice número 2, p. 487; ESCRICHE J. *Diccionario razonado de legislación y jurisprudencia*, T.I, (Madrid, 1874), p. 752; GOGEY, A. *Les reconnaissances el
légitimations de complaisance*, (París, 1959), p. 203.

353 JARA MIRANDA, J. *La legitimación adoptiva*, (Santiago de Chile), 1968;
CHAMPEAU Y URIBE A. *Tratado de Derecho civil colombiano*, T.I., (Bogo-
gotá 1899).

354 RODRIGUEZ ENNES, L. «La adopción romana: continuidad y discontinuidad de un modelo», en *Dereito. RJUSC* 18 (2009) p. 121.

355 ROYO MARTINEZ, M. *Derecho de familia*, (Sevilla, 1949), p. 308.

nacido de la adopción presente en el Código Civil Frances.
Se observan también similares reticencias ante la institución
adoptiva en el «Codice civile de 1865» atribuyéndole según
DEGNI la provocación de «celos, odios y rencores»[356].
El cambio cultural que potenció el desarrollo de la adopción a una escala mundial y la aceptación de esta figura
viene marcada por la primera guerra mundial, con la ingente
cantidad de huérfanos que todo conflicto armado a gran
escala provoca. Así las cosas, estaba claro que se habían
de reformular y modificar los complejos y formales procedimientos de los códigos decimonónicos para hacer frente a
las necesidades adoptivas que provocó una orfandad masiva
que había aparecido en un breve período produciéndose
un cambio de mentalidad y de actitud hacia la adopción[357],
viendo en ella una solución preferible a la institucional al respecto de la infancia, precisamente por ser la inclusión en una
familia lo más natural posible para el desarrollo de un menor.
Como consecuencia de todo ellos se incrementa la actividad
legislativa en ese aspecto, como ejemplo de lo anterior citaremos el aventajado ejemplo noruego que en 1917 ya legisla
sobre la materia al igual que Francia en el 23 o la «Adoption
of Children Act» del 1926. Estos países son los precursores
de un posterior desarrollo legislativo de esta institución sin
parangón en la historia. Este cambio de mentalidad provoca
un giro de ciento ochenta grados hacia una consideración
de la institución adoptiva no como un medio para conseguir
otros fines, sino como un fin en sí mismo o en su objeto
principal, dándosele ahora un valor sociológico muy opuesto
al de épocas anteriores, viéndola como un valor social positivo que remedia situaciones como la ausencia de hijos no
deseada o la posibilidad de extensión y transmisión del factor cultural de una comunidad.

Siguiendo la tendencia europea se ha de citar el decreto
de 10 de abril de 1937 mediante el cual la Segunda República acortó y simplificó el proceso y protegió más la figura
del adoptado. Esta corriente que se propugna como coad-

---

356 DEGNI, C. *Il Diritto de familia nel nuevo Codice civile Italiano*, (Padua, 1943), p. 382.

357 En ese sentido *vid.* LOJACONO, F. *Spunti critici e prospettive de reforma in tema de adozione*, (Milan, 1966), p. 222 y ss.; Marie PIERRE MAR-MIER, *Sociologie de l'adoption. Etude de sociologie juridique*, (París, 1969) p. 297 y ss.

yuvadora de la institución adoptiva tiene, como todo en la vida un anverso no tan luminoso, siendo tal anverso la utilización de las nuevas facilidades adoptivas para proporcionar por medios no tan lícitos hijos a las personas deseosas de tenerlos que no habían podido hacerlo por medios naturales, con los que deviene la imposición de limitaciones, no aquí para limitar el objeto de la institución sino para propugnar mayor protección jurídica al menor; en tal sentido también se propugna la intervención pública como ya vimos en nuestra legislación, siendo destacable en este sentido la regulación propuesta por la «Adoption of Children Act» de 1939.

Durante el Régimen Franquista la Ley de 1941 apenas supuso un cambio significativo al respecto de tal institución, la inaplicación de la normativa de origen republicano frena el desarrollo de la adopción. No se observan cambios en España desde la regulación de 1889 hasta los que haría la subsiguiente de 1958 que ya supone un cambio más palpable, si bien, todavía con la Ley de 24 de abril de dicho año nuestro Derecho civil distinguía entre la adopción plena y la simple, de la misma manera que en Roma lo hacía el derecho justinianeo. Dividió el capítulo en tres secciones que dedicó a «Disposiciones generales» (arts. 172 a 177). «De la adopción plena» (arts. 178 y 179) y «De la adopción menos plena» (180)[358].

La reforma siguió haciéndose cada vez más patente y profunda hasta llegar a la regulación actual, muestra de este camino son las sucesivas y continuas modificaciones legislativas que se dan en ese sentido. Así en 1970, con la ley de 4 de julio[359] en la que se pueden resaltar las opiniones de la época como muestra de la idiosincrasia imperante[360].

---

358 CASTAN TOBEÑAS J. *Derecho Civil español Comun y Foral*. Tomo 5.º *Derecho de Familia* volumen 2.º Relaciones paternofiliales y tutelares, Madrid, 1995, Pag 380

359 *Vid.* RODRIGUEZ ENNES, L. «La adopción, análisis crítico-sistemático de la Ley de 4 de julio de 1970», Foro Gallego, *Revista Jurídica General*, n.º 169 a 172. (Coruña, 1976)

360 *Vid.* al respecto de la adopción las opiniones de Pío Cabanillas en defensa del proyecto: «dado que la adopción es una creación jurídica, no debe olvidarse nunca que la finalidad de la institución ha variado con las circunstancias históricas»; de los señores Escosura y Zugarramundi: «La adopción es hija del sentimiento tan natural de la familia: se inventó para conservarla y perpetuarla, para consolar a las personas a quienes la naturaleza negó la dicha de tener hijos, o que

Estos autores en ausencia del debate sobre los orígenes de la filiación respecto de la integración en una familia romana siendo el aspecto filiativo o consanguíneo indiferente para la pertenencia a la familia, que, como es sabido, constituía un acto voluntario y potestativo del *pater*[361]. CASTÁN, por su parte, resalta el hecho de que se rebaja la edad requerida para poder adoptar, eliminándose la absurda prohibición de adoptar descendientes y prescindiéndose del ya rancio término «expósito», normaliza jurídicamente la situación del abandonado, ahonda en el secreto de ésta y equipara a los hijos adoptivos y legítimos. De ella opinó ROCA JUAN que amplía el concepto de familia legítima aun adoleciendo de vaguedad e imprecisión CASTRO LUCINI dice de ella que su mayor logro la posibilidad de transformar la adopción simple en plena (...) la suspensión del pacto sucesorio. FERNÁNDEZ MARTÍN GRANIZO afirmó que desde el punto de vista social e incluso de la *aequitas* solo merece alabanzas, pues, junto con la reforma de 1958, había acomodado la institución a

---

habiéndolos tenido los perdieron. Ahora bien, cuando la Naturaleza ha dado satisfacción a ese sentimiento, la adopción no tiene razón de ser y es innecesaria (...) Su introducción en las sociedades modernas ha sido fruto de la filantropía, que es la caridad de los banqueros y de las damas del gran mundo una falsificación y como remedo grotesco de la verdadera caridad. En el fondo es una transacción con el vicio disfrazado con máscara de virtud. No hay que olvidar que la adopción no es una verdad, es una mera ficción, y si toda ficción es vituperable, aún en los asuntos ordinarios de las relaciones humanas, es mucho peor cuanto la ficción procede del legislador. Y no es una ficción a la manera que lo es la legitimación por subsiguiente matrimonio que al fin en esta se parte de un hecho verdad y lo que únicamente se finge es que el hijo nacido fuera del matrimonio nació después que éste se hubo celebrado, en la adopción se finge más, se finge que es hijo el que no lo es en realidad, y se subvierten las relaciones de la vida y se da un mentís a la naturaleza; el Derecho no crea personas, ni cosas, ni relaciones (...) por esto entiendo que es profanar la paternidad y la filiación el otorgar la patria potestad a una institución puramente artificial y ficticia que está fuera de la realidad de la vida, para la que sea bastante modelar una institución jurídica más en armonía con la verdad y más adecuada a la relación meramente afectiva, de protección y de piedad, a que únicamente la adopción puede dar lugar». Opiniones parecidas ya se dieron en la época del primer código civil: Así, COMAS, A. *La revisión del Código Civil*, (Madrid, 1902), pp. 406-4071.; la del Sr. Aguilera calificó a la adopción de «institución artificial, repugnada por la razón natural», *Cfr.* COSTA, J.: *La libertad civil y el Congreso de Jurisconsultos Aragoneses*, (Madrid, 1883), p. 271

361 «lure proprio familiam dicimus plures personas quae sunt sub unius potestate», ULPIANO, *D.* 50, 16, 1-3.

las exigencias y necesidades de la actual realidad socio-jurídica[362], opinando lo opuesto en cuanto a su aspecto jurídico. Lo que se sigue deduciendo del artículo 180, que regulaba todavía la adopción simple[363]. La nueva figura es configurada por la doctrina de la época como una adopción menos plena, bebiendo, como no, de las fuentes romanas.

Este bifrontismo adoptivo o suerte de variantes es sesgado con la Ley 21/1987 de 11 de noviembre, modificadora de determinados artículos del Código civil y de la LEC, estableciendo ésta la paridad de efectos entre la filiación matrimonial y no matrimonial y la desaparición de cualquier vínculo jurídico con la familia natural del adoptado[364].

En la Ley de Bases de 11 de mayo de 1888 se autoriza la adopción por escritura pública y con autorización judicial, fijándose las condiciones de edad, consentimiento y prohibiciones que se juzguen bastantes para prevenir los inconvenientes que el abuso de ese derecho pudiera traer para la organización natural de la familia.

La institución adoptiva regulada por primera vez en 1889 fija que el adoptado preserve frente a su familia natural los derechos que le correspondiesen (art. 177), a sensu contrario, el adoptante solo está obligado frente al adoptado a otorgar alimentos. El adoptante goza del usufructo de los bienes del menor previa fianza[365].

---

362 Sancho Rebullida, F de A. *Elementos*, IV-2, p. 180. (nt. 11).

363 Art. 180. «La adopción simple no exige otros requisitos que los prevenidos con carácter general en la sección primera del presente capítulo. Respecto del cónyuge separado legalmente regirá lo establecido en el párrafo primero del artículo 178.
En la escritura de adopción podrá convenirse la sustitución de los apellidos del adoptando por los del adoptante o adoptantes, o el uso de un apellido de cada procedencia, en cuyo caso se fijará el orden de estos. A falta de pacto expreso, el adoptado conservará sus propios apellidos.
Adoptado y adoptante carecen entre sí de derechos legitimarios y su presencia no influye en la determinación de las legítimas ajenas.
En la sucesión intestada, el hijo adoptivo o sus descendientes y el adoptante son llamados inmediatamente después del cónyuge viudo, con exclusión de los colaterales. En su caso, el hijo adoptivo o sus descendientesexcluyen al adoptante o adoptantes».

364 Hasta la Ley de Adopción Internacional.

365 Pérez Álvarez, M.A, *La nueva adopción*, cit., pp. 13 y ss.

Las críticas doctrinales a la regulación primitiva de la adopción en el Código Civil tuvieron reflejo en el plano legislativo, en el Decreto de 10 de abril de 1937, el Gobierno republicano, que trató de imprimir a la institución la adecuada flexibilidad, reduciendo prohibiciones, simplificando el procedimiento y fortaleciendo la posición del adoptado[366].

En el año 1987 frente a la discusión previa prolongada durante múltiples reformas del C.c. sobre la naturaleza de la misma, sobre si esta era un acto jurídico privado o de naturaleza negocial con distintas tesis doctrinales; contrato, acto jurídico, acto complejo, institución y negocio jurídico de Derecho de Familia[367], siendo esta la teoría mantenida por XAVIER O'CALLAHAN[368].

Con esta reforma la adopción en nuestro Código Civil se establece que en la «escritura de adopción podrá convenirse la sustitución de los apellidos del adoptando por los del adoptante (...) A falta de pacto expreso el adoptado conservará sus propios apellidos»[369].

«Adoptado y adoptante carecen entre sí de derechos legitimarios y su presencia no influye en la determinación de las legítimas ajenas».

«En la sucesión intestada, el hijo adoptivo o sus descendientes y el adoptante son llamados inmediatamente después del cónyuge viudo, con exclusión de los colaterales. En su caso, el hijo adoptivo o sus descendientes excluyen al adoptante o adoptantes».

Pasaremos al análisis de la ley 54/2007, su mayor acierto, el ser un compendio de la normativa de adopción internacional en un solo texto. Todo ello con base en la Convención de Derechos del Niño de 20 de noviembre de 1989 y del Convenio de

---

366 CASTAN TOBEÑAS J. *Derecho Civil español Común y Foral.* (Tomo 5.º Derecho de Familia volumen 2.º Relaciones paternofiliales y tutelares), (Madrid,1995), p. 382.

367 XAVIER O'CALLAHAN MUÑOZ, *Compendio de Derecho Civil*, Tomo IV, Derecho de Familia, (Madrid, 2012), cit., p. 221.

368 *Ibidem*: La adopción era un negocio jurídico unilateral (del adoptante).

369 ALBALADEJO, M., *op. cit.* pág. 268. a las cuales hay que sumar las reformas incluidas por la LO 1/1996, de 15 de enero, de Protección al menor, lo común en todas estas reformas es la progresiva segregación del adoptado de su familia anterior y su correspondiente integración en la nueva familia adoptante.

la Haya, de 29 de mayo de 1993, relativo a la protección de derechos del niño y a la cooperación en materia de adopción internacional. «A tal fin, la Entidad Pública competente, en la medida de lo posible, incluirá los estándares y salvaguardas del Convenio de La Haya, de 29 de mayo de 1993, en los acuerdos relativos a la adopción internacional que suscriba con Estados no contratantes del mismo. La ley ha de ser siempre interpretada bajo el prisma del interés superior del menor»[370]. La Ley Orgánica 1/1996, de 15 de enero, de Protección Jurídica del Menor de modificación parcial del código Civil y de la Ley de Enjuiciamiento Civil, constituía el principal marco regulador de los derechos de los menores de edad, garantizándoles una protección uniforme en todo el territorio del Estado. Esta ley ha sido el referente de la legislación que las Comunidades Autónomas han ido aprobando posteriormente, de acuerdo con sus competencias en esta materia.

Esta ley responde a una realidad social que es el aumento de adopciones en el extranjero como ya recoge la propia exposición de motivos de dicho texto normativo disponiendo que «debe facilitar los instrumentos normativos precisos para que la adopción tenga lugar con las máximas garantías y respeto a los intereses de los menores a adoptar, posibilitando el desarrollo armónico de la personalidad del niño en el contexto de un medio familiar propicio. Todo ello en el marco de la más escrupulosa seguridad jurídica que redunda siempre en beneficio de todos los participantes en la adopción internacional, especialmente y en primer lugar en beneficio del menor adoptado». Siendo esta nueva norma concebida como una «medida de protección de los menores que no pueden encontrar una familia en sus países de origen» pretendiendo a su vez «evitar el tráfico de menores y cualquier clase de discriminación que estas puedan sufrir»[371].

El texto legal al que nos referimos se ocupa, en primer lugar, y como no, del ámbito de aplicación y la intervención de las Entidades Públicas competentes en materia de protec-

---

370 *Ibídem.*, art. 3.1.

371 LASARTE ALVAREZ, C. *Principios de Derecho civil* VI (2013): En la mayor parte de los países de nuestra Orbita geográfica y cultural, las personas susceptibles de ser adoptadas, dada la caída libre de la natalidad en las sociedades desarrolladas, brillan por su ausencia y ello ha provocado que sean numerosas las parejas (en menores índices, las personas individuales) que, deseosas de contar con filiación

ción de menores, ocupándose especialmente de una nueva figura que realiza labores de intermediación en el marco de las adopciones internacionales como son las Entidades Colaboradoras.

También debemos resaltar la regulación de las Entidades Públicas de Protección de Menores en el procedimiento y las funciones de intermediación que «únicamente podrán llevarse a cabo por Entidades Colaboradoras previamente acreditadas por la Entidad Pública española competente y por la autoridad correspondiente del país de origen de los menores». La aparición de esta nueva figura supone la configuración del marco jurídico en el que éstas han de moverse y unos procedimientos de acreditación y control de estas con los supuestos de suspensión o retirada de la acreditación necesaria para ejercer de intermediador.

Cuestión aparte sería la posibilidad de formar acuerdos de colaboración con estas entidades para cubrir situaciones extraordinarias que se puedan dar en la adopción internacional, así como la decisión sobre el número de Entidades, su acreditación en las distintas Comunidades Autónomas, la concreción del carácter de la relación de las Entidades Colaboradoras con sus representantes en los distintos países en los que se esté tramitando la adopción internacional de un menor.

También se regula aquí la idoneidad del adoptante y sus obligaciones postadoptivas reconociéndose el otro lado del espejo de éstas los derechos del adoptado a conocer sus orígenes biológicos, conjugando este derecho con la necesaria protección de la intimidad de las personas afectadas. Estableciéndose para ello la obligación de asesoramiento e intervención necesaria de las Entidades Públicas competentes para facilitar el acceso a los datos requeridos, con dos limitaciones fundamentales:

Por una parte, la legitimación restringida a la persona del adoptado una vez alcanzada la mayoría de edad, o bien con anterioridad, si está representada por sus padres.

---

adoptiva, hayan recurrido a la búsqueda de hijos adoptivos en cualesquiera parajes del globo terráqueo: desde China (sobre todo personas adoptadas del sexo femenino) hasta Rusia y otros países de antigua adscripción socialista, incluyendo también a los países iberoamericanos y numerosos Estados africanos, incluso a territorios sometidos a guerras tribales y civiles de notoria crueldad y bestialidad.

La segunda parte de esta Ley se destina a regular las normas de Derecho Internacional Privado relativas a la adopción internacional. La ley regula la competencia de las autoridades españolas para la constitución, modificación, conversión y declaración de nulidad de la adopción internacional es importante el hecho de que el legislador pretende evitar, a toda costa, la penetración de foros exorbitantes en la legislación española. Así como constituir adopciones válidas en España, pero ineficaces en otros países, especialmente en el país de origen del menor.

En segundo lugar, regula la legislación aplicable a la constitución de la adopción internacional y también la conversión, modificación y declaración de nulidad de la misma, distinguiéndose dos supuestos. Cuando el adoptando posea su residencia habitual en España o la vaya a adquirir próximamente, se opta por disponer la aplicación de la ley española a la constitución de la adopción y cuando el adoptando no resida habitualmente en España, ni vaya a ser trasladado a España para establecer en España su centro social de vida, en este caso se ha preferido que la adopción se rija por la ley del país en cuya sociedad va a quedar integrado. En ambos casos, la Ley incorpora las necesarias cautelas y se otorga en el segundo caso un margen de discrecionalidad judicial más amplio para dar entrada puntual a otras leyes estatales diferentes y procurar la mayor validez internacional de la adopción constituida en España.

En cuanto a los efectos jurídicos que pueden surtir en España las adopciones constituidas ante autoridades extranjeras competentes, visto que el número de adopciones constituidas en el extranjero por ciudadanos residentes en España es superior al número de adopciones constituidas en España, la Ley partiendo del necesario respeto a los Tratados y Convenios internacionales, establece un régimen para el reconocimiento en España de las adopciones constituidas por autoridades extranjeras en defecto de normativa internacional aplicable sólo se reconocerá en España si ha sido constituida válidamente en el Estado de origen y si satisface determinadas garantías en favor del interés del adoptado, tratándose de evitar que una adopción que no haya sido regularmente constituida pueda desplegar efectos legales en España.

Por lo anteriormente expuesto será labor del Registro Civil:

– Verificar que la adopción se constituyese por la autoridad extranjera competente.

– Verificar que sea válida en dicho país.

– Verificar también que produce, según la ley aplicada a su constitución, los mismos efectos que la adopción regulada en la legislación española, es decir, que la regulación de la institución adoptiva sea similar en cuanto a sus aspectos esenciales.

– Verificar que los adoptantes han sido declarados idóneos para adoptar, y que, en el caso de adoptando español, se haya emitido el consentimiento de la Entidad Pública correspondiente a la última residencia del adoptando en España.

– Verificar que el documento presentado en España y que contiene el acto de adopción constituida ante autoridad extranjera, reúna las garantías formales de autenticidad.

En lo referido a los efectos en España de la adopción simple o menos plena legalmente constituida por autoridad extranjera, la legislación española recoge los requisitos para convertirla en una adopción plena indicando los factores que deben concurrir en cada caso para que la autoridad española competente acuerde la transformación. Concluye el articulado de esta ley regulando el régimen jurídico-privado de los casos internacionales de acogimiento familiar y otras medidas de protección de menores[372].

La citada norma será de aplicación supletoria respecto del derecho propio de aquellas Comunidades Autónomas que lo posean.

---

372 La citada ley modifica ciertos artículos del Código Civil en el Título II de la Ley en el artículo 9.5 del Código Civil, que se limitará a remitir a esta propia ley reforma también los artículos 154, 172, 180 y 268 del Código Civil. Adaptando la redacción de estos preceptos a las conclusiones del Comité de Derechos del Niño

La ley de adopción internacional regulará a las autoridades judiciales y consulares españolas en materia de adopción, así como la validez en España de las adopciones constituidas por autoridades extranjeras.

> «Se entiende por "adopción internacional" el vínculo jurídico de filiación que presenta un elemento extranjero derivado de la nacionalidad o de la residencia habitual de adoptantes o adoptandos»[373].

La Ley 54/2007 establece el marco jurídico y los instrumentos básicos para garantizar que todas las adopciones internacionales tengan lugar en consideración al interés superior del menor.

Circunstancias que provocan o impiden la tramitación de la adopción internacional[374]:

a) Cuando el país en que el menor adoptando tenga su residencia habitual se encuentre en conflicto bélico o inmerso en un desastre natural.

b) Si no existe en el país una autoridad específica que controle y garantice la adopción.

c) Cuando en el país no se den las garantías adecuadas para la adopción y las prácticas y trámites de la adopción en el mismo no respeten el interés del menor o no BOE núm. 312 sábado 29 diciembre 2007 53679 cumplan los principios éticos y jurídicos internacionales referidos en el artículo 3.

Las Entidades Públicas de Protección de Menores españolas están facultadas para exigir que, con respecto a un determinado Estado, únicamente se tramiten solicitudes de adopción internacional a través de Entidades Colaboradoras acreditadas o autorizadas por las autoridades de ambos Estados, cuando se constate que otra vía de tramitación presenta riesgos evidentes por la falta de garantías adecuadas.

Según el art. 4.3. de la ley que estamos analizando; La tramitación de solicitudes para la adopción de aquellos menores extranjeros que hayan sido acogidos en programas humanitarios de estancia temporal por motivo de vacacio-

---

373   Ley 54/2007, de 28 de diciembre, de adopción internacional, art. 1.2.
374   *Ibídem*, art. 4.1

nes, estudios o tratamiento médico, requerirá que tales acogimientos hayan finalizado conforme a las condiciones para las que fueron constituidos y que en su país de origen participen en programas de adopción debidamente regulados[375].

La ley intenta promover que no se den situaciones de extorsión a los adoptados en el extranjero y aunque no nombra expresamente el tráfico de seres humanos y en este caso niños sí que nos dice que «En las adopciones internacionales nunca podrán producirse beneficios financieros distintos de aquellos que fueran precisos para cubrir estrictamente los gastos necesarios».

Las Entidades Públicas de Protección de Menores están encargadas de la mayoría de los trámites previstos para la adopción, desde obligación de información hasta el control de las Entidades Colaboradoras de Adopción Internacional[376].

---

375 En lo referente al ámbito autonómico el art. 4.4. A efectos de la decisión a adoptar por la Entidad Pública competente en cada Comunidad Autónoma en los supuestos previstos en los apartados 1 y 2 de este artículo, se procurará la correspondiente coordinación autonómica, pudiendo someterse dicha decisión a la consideración previa del correspondiente órgano de coordinación institucional de las Administraciones Públicas sobre adopción internacional, así como del Consejo Consultivo de Adopción Internacional.
Por su parte en el ámbito internacional el art. 4.5. La función de intermediación en la adopción internacional únicamente podrá efectuarse por las Entidades Públicas de Protección de Menores y por las Entidades de Colaboración, debidamente autorizadas por aquéllas y por la correspondiente autoridad del país de origen de los menores. Ninguna otra persona o entidad podrá intervenir en funciones de intermediación para adopciones internacionales

376 Los trámites están recogidos en el art. 5 de la citada ley:
a) Organizar y facilitar la información sobre legislación, requisitos y trámites necesarios en España y en los países de origen de los menores, velando para que esa información sea lo más completa, veraz y actualizada posible y de libre acceso por los interesados.
b) Facilitar a las familias la formación previa necesaria que les permita comprender y afrontar las implicaciones de la adopción internacional, preparándolas para el adecuado ejercicio de sus funciones parentales una vez constituida aquélla. Podrán delegar esta función en instituciones o entidades debidamente autorizadas.
c) La recepción de las solicitudes, en todo caso, y su tramitación, ya sea directamente o a través de Entidades Colaboradoras de Adopción Internacional debidamente acreditadas.
d) La expedición, en todo caso, de los certificados de idoneidad, previa elaboración, bien directamente o a través de instituciones o entidades debidamente autorizadas, del informe psicosocial de los solicitantes

El concepto de intermediación en adopción internacional sería el de toda actividad que tenga por objeto intervenir poniendo en contacto a los solicitantes de adopción con las autoridades, organizaciones e instituciones del país de origen o residencia del menor susceptible de ser adoptado y prestar la asistencia suficiente para que la adopción se pueda llevar a cabo.

Las funciones que realizan estas entidades se pueden concretar en las siguientes:

a) Información y asesoramiento a los interesados en materia de adopción internacional.

b) Intervención en la tramitación de expedientes de adopción ante las autoridades competentes, tanto españolas como extranjeras.

---

de la adopción, y, cuando lo exija el país de origen del adoptando, la expedición del compromiso de seguimiento.

e) Recibir la asignación del menor, con información sobre su identidad, su adoptabilidad, su medio social y familiar, su historia médica y necesidades particulares; así como la información relativa al otorgamiento de los consentimientos de personas, instituciones y autoridades requeridas por la legislación del país de origen.

f) Dar la conformidad respecto a la adecuación de las características del niño asignado por el organismo competente del país de origen con las que figuren en el informe psicosocial que acompaña al certificado de idoneidad. A lo largo del proceso de adopción internacional ofrecerán apoyo técnico dirigido a los adoptados y a los adoptantes, prestándose particular atención a las personas que hayan adoptado menores con características o necesidades especiales.

Durante la estancia de los adoptantes en el extranjero podrán contar para ello con la colaboración del Servicio Exterior.

g) Los informes de los seguimientos requeridos por el país de origen del menor, que podrán encomendar a entidades como las previstas en el artículo 6 de esta Ley o a otras organizaciones sin ánimo de lucro.

h) El establecimiento de recursos cualificados de apoyo postadoptivo para la adecuada atención de adoptados y adoptantes en la problemática que les es específica.

i) La acreditación, control, inspección y elaboración de directrices de actuación de las de las Entidades Colaboradoras de Adopción Internacional que realicen funciones de intermediación en su ámbito territorial.

En sus actuaciones en materia de adopción internacional, las Entidades Públicas competentes promoverán medidas para lograr la máxima coordinación y colaboración entre ellas. En particular, procurarán la homogeneización de procedimientos, plazos y costes.

c) Asesoramiento y apoyo a los solicitantes de adopción en los trámites que necesariamente deben realizar en España y en los países de origen de los menores.

d) Intervenir en la tramitación y realizar las gestiones correspondientes para el cumplimiento de las obligaciones post adoptivas establecidas para los adoptantes en la legislación del país de origen del menor adoptado que le sean encomendadas, en los términos fijados por la Entidad Pública de Protección de Menores española que la haya acreditado.

Por su parte las Entidades Colaboradoras de Adopción Internacional tendrán regulada su intervención en la Ley 54/2007 y en las normas de las Comunidades Autónomas, a su vez podrán establecer entre ellas acuerdos de cooperación para solventar situaciones sobrevenidas para un mejor cumplimiento de sus fines.

Su acreditación como Entidades Colaboradoras de Adopción Internacional será para todas aquellas entidades sin ánimo de lucro inscritas en el registro correspondiente, que tengan como finalidad en sus estatutos la protección de menores, dispongan de los medios materiales y equipos pluridisciplinares necesarios para el desarrollo de las funciones encomendadas y estén dirigidas y administradas por personas cualificadas por su integridad moral, por su formación y por su experiencia en el ámbito de la adopción internacional[377]. Procurando las Entidades Públicas competentes la mayor homogeneidad en cuanto a los requisitos para su

---

377 El concepto de cualificación moral se ve a nuestro entender un poco indeterminado ya que el cualificar la moralidad de una persona en los distintos ámbitos conlleva una labor difícil y para nosotros, no solamente debe estar sustentada en elementos objetivos o valorables. La moralidad es algo interno y difícil de evaluar solamente se pueden valorar las acciones de las que somos conocedoras de algunas personas y la opinión pública que ellas merecen en una sociedad concreta y en un tiempo determinado. Recordemos que el concepto de moralidad cambia según la época y creencias y que, como todos los ámbitos de la vida del hombre, incluida la ley evoluciona siendo éste un tema más propio de la filosofía no debiendo ser incardinado actualmente, y en mi humilde opinión en un texto jurídico debiendo ser substituido, claramente por el de idoneidad.

acreditación[378]. En el caso de que el país extranjero para el que se prevé la acreditación de Entidades Colaboradoras de Adopción Internacional fije un límite en el número, se acordará junto las Entidades Públicas competentes españolas a las que corresponda[379].

Las Entidades Públicas supervisarán pudiendo suspender o retirar, mediante expediente contradictorio, la acreditación concedida a aquellas entidades acreditadas para la intermediación que dejen de cumplir las condiciones que motivaron su concesión o que infrinjan en su actuación el ordenamiento jurídico[380].

Si la suspensión y retirada de la acreditación es realizada por una Entidad Pública competente de una Comunidad Autónoma, ésta, deberá facilitar la información más relevante que obre en la instrucción del expediente sancionador a las Entidades Públicas de las demás Comunidades Autónomas donde también esté acreditada, para, que, en su caso, puedan iniciar la investigación que consideren oportuna.

Los profesionales empleados por las Entidades Colaboradoras en los países de origen de los menores se considerarán personal adscrito a esa Entidad. Por lo cual ésta será responsable de los actos de esos profesionales en el ejercicio de sus funciones de intermediación[381].

La responsabilidad sobre el control, seguimiento y acreditación al respecto de estas Entidades recaerá en las Comunidades Autónomas que tengan competencia territorial y material según la normativa autonómica a aplicar. Debe

---

378 L. 54 Ley 54/2007, de 28 de diciembre, de adopción internacional, Art. 7.2: Existirá un registro público específico de las Entidades Colaboradoras de Adopción Internacional acreditadas.

379 *Ibídem*. Art. 7.4: Podrá establecerse, mediante la correspondiente coordinación de todas las Entidades Públicas, un número máximo de Entidades Colaboradoras de Adopción Internacional españolas a acreditar para intermediación en un País concreto, en función de las necesidades de adopción internacional en ese país, las adopciones constituidas u otras cuestiones sobre la previsión de posibilidades de adopción internacional en el mismo.

380 Esta suspensión o retirada de la acreditación podrá tener lugar con carácter general o sólo para algún país concreto.

381 Estos profesionales deberán ser evaluados por el órgano competente para la acreditación de la Entidad Colaboradora.

existir una coordinación inter autonómica con respecto a aquellas que estén acreditadas en más de una Comunidad Autónoma.

La Entidad Colaboradora de Adopción Internacional y los solicitantes de adopción formalizarán su relación mediante un contrato previamente homologado por la Entidad Pública competente y referido exclusivamente a las funciones de intermediación que la entidad asume con respecto a la tramitación de la solicitud de adopción[382].

La comunicación entre las autoridades centrales españolas competentes y las autoridades competentes de otros Estados se coordinará de acuerdo con lo previsto en el Convenio relativo a la protección del niño y a la cooperación en materia de adopción internacional[383].

La ley 54/2007 entiende por idoneidad de los adoptantes la capacidad, aptitud y motivación adecuadas para ejercer la patria potestad, atendiendo a las necesidades de los niños adoptados, y para asumir las peculiaridades, consecuencias y responsabilidades que conlleva la adopción internacional[384]. Las Entidades Públicas competentes procurarán la necesaria coordinación con criterios de valoración de la idoneidad.

Corresponde a las Entidades Públicas competentes en materia de protección de menores la declaración de idoneidad de los adoptantes a través de los informes de idoneidad, que estarán sujetos a las condiciones, requisitos y limitacio-

---

382 L. 54 Ley 54/2007, de 28 de diciembre, de adopción internacional, Art. 8.2: Las Entidades Públicas competentes crearán un registro de las reclamaciones formuladas por las personas que acudan a las Entidades Colaboradoras de Adopción Internacional que hayan acreditado.

383 La Haya el 29 de mayo de 1993 y ratificado por España mediante Instrumento de 30 de junio de 1995, si las autoridades extranjeras corresponden a Estados que forman parte del Convenio de la Haya o de otros tratados y convenios internacionales existentes en materia de adopción internacional.

384 En este caso se añade a lo que ha de recoger cualquier normativa interna al respecto de la idoneidad de los adoptantes la necesidad de idoneidad para ser capaz de asumir las responsabilidades inherentes a una adopción internacional. Tal declaración de idoneidad requerirá una valoración psicosocial sobre la situación personal, familiar y relacional de los adoptantes, y su capacidad para establecer vínculos estables y seguros, sus habilidades educativas y su aptitud para atender a un menor en función de sus singulares circunstancias, así como cualquier otro elemento útil relacionado con la singularidad de la adopción internacional.

nes establecidos en la legislación correspondiente. La declaración de idoneidad y los informes psicosociales referentes a la misma tendrán una vigencia máxima de tres años desde la fecha de su emisión por el órgano competente español, siempre que no se produzcan modificaciones sustanciales en la situación personal y familiar de los solicitantes que dieron lugar a dicha declaración, sujeta no obstante a las condiciones y a las limitaciones establecidas, en su caso, en la legislación autonómica aplicable en cada supuesto. En el proceso de declaración de idoneidad, se prohíbe cualquier discriminación por razón de discapacidad o cualquier otra circunstancia.

Las adopciones internacionales tienen ciertas obligaciones postadoptivas adicionales a las obligaciones propias de una adopción dentro del país del que se es nacional[385].

El Derecho a conocer los orígenes biológicos en las adopciones internacionales también tiene algunas particularidades muy destacables:

Las personas adoptadas, alcanzada la mayoría de edad o durante su minoría de edad representadas por sus padres, tendrán derecho a conocer los datos que sobre sus orígenes obren en poder de las Entidades Públicas españolas, «sin perjuicio de las limitaciones que pudieran derivarse de la legislación de los países de que provengan los menores». Este derecho se hará efectivo con el asesoramiento, la ayuda y mediación de los servicios especializados de la Entidad Pública de Protección de Menores u organizaciones autorizadas para tal fin[386].

---

385 L. 54 Ley 54/2007, de 28 de diciembre, de adopción internacional, Art. 10. 1: Los adoptantes deberán facilitar en el tiempo previsto la información, documentación y entrevistas que la Entidad Pública de Protección de Menores española competente, o Entidad Colaboradora por ella autorizada, precise para la emisión de los informes de seguimiento post adoptivo exigidos por la Entidad Pública de Protección de Menores competente en España o por la autoridad competente del país de origen.
2. Los adoptantes deberán cumplir en el tiempo previsto los trámites postadoptivos establecidos por la legislación del país de origen del menor adoptado, recibiendo para ello la ayuda y asesoramiento preciso por parte de las Entidades Públicas de Protección de Menores y las Entidades de Colaboración de Adopción Internacional

386 Las Entidades Públicas competentes asegurarán la conservación de la información de que dispongan relativa a los orígenes del niño, en particular la información respecto a la identidad de sus padres, así como la historia médica del niño y de su familia. Las Entidades colabora-

En lo referente a la Protección de datos de carácter personal en la adopción internacional[387].

Los datos obtenidos por las Entidades Públicas o por las Entidades Colaboradoras de Adopción Internacional sólo se podrán utilizar para lo relacionado con finalidades relacionadas con el desarrollo, en cada caso, de las funciones descritas para cada una de ellas en los artículos 5 y 6.2 de la presente Ley[388].

La Competencia judicial internacional para la constitución de adopción internacional: los Juzgados y Tribunales españoles serán competentes para la constitución de la adopción en los siguientes casos:

a) Cuando el adoptando sea español o tenga su residencia habitual en España.

b) Cuando el adoptante sea español o tenga su residencia habitual en España[389].

Los Juzgados y Tribunales españoles serán competentes para la declaración de nulidad de una adopción en los siguientes casos:

a) Cuando el adoptado sea español o tenga su residencia habitual en España en el momento de presentación de la solicitud[390].

---

doras que hubieran intermediado en la adopción deberán informar a las Entidades Públicas de los datos de los que dispongan sobre los orígenes del menor.

387 El tratamiento y cesión de datos derivado del cumplimiento de las previsiones de la presente Ley se encontrará sometido a lo dispuesto en la Ley Orgánica 15/1999, de 13 de diciembre, de Protección de Datos de Carácter Personal.

388 L. 54 Ley 54/2007, de 28 de diciembre, de adopción internacional, Art. 14.2: La transferencia internacional de los datos a autoridades extranjeras de adopción únicamente se efectuará en los supuestos expresamente previstos en esta Ley y en el Convenio de La Haya de 29 de mayo de 1993, relativo a la protección del niño y a la cooperación en materia de adopción internacional.

389 La nacionalidad española y la residencia habitual en España se apreciarán, en todo caso, en el momento de la presentación de la solicitud de adopción a la Entidad Pública competente.

390 *Ibídem* art. 15.2: Los Juzgados y Tribunales españoles serán también competentes para la modificación o revisión de una adopción en los mismos casos señalados en el apartado primero y también cuando, además, la adopción haya sido constituida por autoridad extranjera, siempre que dicha adopción haya sido reconocida en España.

b) Cuando el adoptante sea español o tenga su residencia habitual en España en el momento de presentación de la solicitud.

c) Cuando la adopción haya sido constituida por autoridad española.

Si la ley aplicada a la adopción prevé la posibilidad de adopción simple, los Juzgados y Tribunales españoles serán competentes para la conversión de adopción simple en adopción plena en los casos señalados. Se entenderá por adopción simple o menos plena aquélla constituida por autoridad extranjera competente cuyos efectos no se correspondan sustancialmente con los previstos para la adopción en la legislación española.

La Competencia objetiva y territorial de los órganos judiciales españoles:

La determinación del concreto órgano jurisdiccional competente objetiva y territorialmente para la constitución de la adopción internacional se llevará a cabo con arreglo a las normas de la jurisdicción voluntaria para la que sigue vigente lo recogido en la anterior Ley de Enjuiciamiento Civil[391].

La función y competencia de los cónsules en la constitución de adopciones internacionales:

Siempre que el Estado receptor no se oponga a ello, ni lo prohíba su legislación los cónsules podrán constituir adopciones, en el caso de que el adoptante sea español y el adoptando tenga su residencia habitual en la demarcación consular correspondiente[392].

La Ley aplicable a la constitución de la adopción se regirá por lo dispuesto en la ley material española en los siguientes casos:

a) Cuando el adoptando tenga su residencia habitual en España en el momento de constitución de la adopción.

b) Cuando el adoptando haya sido o vaya a ser trasladado a España con la finalidad de establecer su residencia habitual en España.

---

391   En el caso de no poder determinarse la competencia territorial con arreglo al párrafo anterior, ésta corresponderá al órgano judicial que los adoptantes elijan.

392   La nacionalidad del adoptante y la residencia habitual del adoptando se determinarán en el momento de inicio del expediente administrativo de adopción.

Par tratar la capacidad del adoptando y consentimientos se regirán por la ley nacional del adoptando y no por la ley sustantiva española, en los siguientes casos[393]:

a) Si el adoptando tuviera su residencia habitual fuera de España en el momento de la constitución de la adopción.

b) Si el adoptando no adquiere, en virtud de la adopción, la nacionalidad española, aunque resida en España.

No procederá la aplicación de la ley nacional del adoptando prevista en el párrafo primero del artículo 19 de la Ley 54 Ley 54/2007, de 28 de diciembre cuando se trate de adoptandos apátridas o con nacionalidad indeterminada.

La ley se ocupa como no también de los Consentimientos, audiencias y autorizaciones. Recogiendo para mayor garantía del proceso que la autoridad española competente para la constitución de la adopción podrá exigir, además, los consentimientos audiencias o autorizaciones requeridas por la ley nacional o por la ley de la residencia habitual del adoptante o del adoptando, siempre que concurran estas circunstancias:

a) Que la exigencia de tales consentimientos, audiencias o autorizaciones repercuta en interés del adoptando.

b) Que la exigencia de tales consentimientos, audiencias o autorizaciones sea solicitada por el adoptante o por el Ministerio Fiscal.

Cuando el adoptando no tenga su residencia habitual en España, y además no haya sido o no vaya a ser trasladado a España con la finalidad de establecer su residencia habitual en España, la constitución de la adopción se regirá:

a) Por la ley del país al que ha sido o al que va a ser trasladado el adoptando con la finalidad de establecer su residencia habitual en dicho país.

b) En defecto del criterio anterior, por la ley del país de la residencia habitual del adoptando.

La autoridad española competente para la constitución de la adopción podrá tener en cuenta los requisitos de capaci-

---

393   La aplicación de la ley nacional del adoptando procederá, únicamente, cuando la autoridad española competente estime que con ello se facilita la validez de la adopción en el país correspondiente a la nacionalidad del adoptando.

dad del adoptando y los consentimientos necesarios de todos los sujetos intervinientes en la adopción, previstos en la ley nacional del adoptando en el caso de que dicha autoridad considere que la observancia de tales requisitos facilita la validez de la adopción en el país correspondiente a la nacionalidad del adoptando. Podrá, igualmente, tener en cuenta los consentimientos, audiencias o autorizaciones requeridas por la ley nacional o por la ley de la residencia habitual del adoptante o del adoptando cuando la observancia de tales requisitos facilite la validez de la adopción en otros países conectados con el supuesto.

En cuanto a la Ley aplicable a la conversión, nulidad y revisión de la adopción se establece un primer límite, siendo este el que la ley extranjera resulte manifiestamente contraria al orden público internacional español.

Para analizar la propuesta previa de adopción que recoge la Ley de adopción internacional diremos que la Entidad Pública competente será la correspondiente al último lugar de residencia habitual del adoptante en España y ésta será competente para formular la propuesta previa de adopción no siendo necesaria la propuesta previa cuando el adoptante no tuviese residencia en España en los dos últimos años, pero el cónsul recabará de las autoridades del lugar de residencia de aquél informes suficientes para valorar su idoneidad.

El reconocimiento en España de las adopciones constituidas por autoridades extranjeras será realizado en España con arreglo a lo establecido en los Tratados y Convenios internacionales primando o rigiendo éstos sobre la legislación española. En tal sentido los requisitos para la validez en España de adopciones constituidas por autoridades extranjeras en defecto de normas internacionales la adopción constituida por autoridades extranjeras será reconocida en España como adopción si se cumplen los siguientes requisitos:

a) Que haya sido constituida por autoridad extranjera competente[394].

No obstante, en el caso en que la adopción no presentase conexiones razonables de origen, de antecedentes familiares

---

394 La adopción debe haberse constituido por autoridad extranjera, sea o no judicial. Se considera que la autoridad extranjera que constituyó la adopción es internacionalmente competente si se respetaron, en la constitución de la adopción, los foros recogidos en su propio Derecho

o de otros órdenes similares con el país cuya autoridad haya constituido la adopción, se estimará que la autoridad extranjera carecía de competencia internacional.

b) Que se haya constituido con arreglo a la ley o leyes estatales del país del que depende la autoridad extranjera que constituyó la adopción, aun así, si la autoridad española comprueba que no se ha prestado alguna declaración de voluntad o no se ha manifestado el consentimiento exigido por la ley extranjera reguladora de la constitución de la adopción, dicho requisito podrá ser completado en España, ante las autoridades competentes españolas o ante cualquier otra autoridad extranjera competente[395]. Siendo para todo lo dicho anteriormente irrelevante el nombre legal que se le dé a la institución adoptiva en el Derecho extranjero.

Las autoridades españolas controlarán que la adopción constituida por autoridad extranjera produzca la extinción de vínculos jurídicos sustanciales entre el adoptado y su familia anterior, que haga surgir los mismos vínculos de filiación que los de la filiación por naturaleza y que sea irrevocable por los adoptantes.

También controlarán especialmente las autoridades españolas que la ley extranjera admita que la adopción constituida a su amparo pueda ser revocada por el adoptante, será requisito indispensable que éste, antes del traslado del menor a España, renuncie al ejercicio de la facultad de revocarla. La renuncia deberá formalizarse en documento público o mediante comparecencia ante el Encargado del Registro Civil.

Al igual que la supervisarán su idoneidad cuando el adoptante sea español y residente en España debiendo declararse previamente a la constitución de la adopción por el órgano competente extranjero[396]. Si el adoptando fuera español en el momento de constitución de la adopción ante la autoridad

---

395 Cuando el adoptante o el adoptado sea español, la adopción constituida por autoridad extranjera debe surtir los efectos jurídicos que se corresponden, de modo sustancial, con los efectos de la adopción regulada en Derecho español.

396 No se exigirá dicha declaración de idoneidad en los casos en los que de haberse constituido la adopción en España no se hubiera requerido la misma.

extranjera competente, será necesario el consentimiento de la Entidad Pública correspondiente a la última residencia del adoptando en España[397].

La autoridad española ante la que se suscite la cuestión de la validez de una adopción constituida por autoridad extranjera, y en especial, el Encargado del Registro Civil[398] en el que se inste la inscripción de la adopción constituida en el extranjero, controlará, incidentalmente, la validez de la adopción[399].

En el caso de que la legislación extranjera constituya por reconocer en su legislación la Adopción simple o menos plena legalmente constituida por autoridad extranjera[400] no serán objeto de inscripción en el Registro Civil español como adopciones ni comportarán la adquisición de la nacionalidad española con arreglo al artículo 19 del Código Civil. Cabe, eso sí, la posibilidad de ser transformadas en la adopción regulada por el Derecho español cuando se den los requisitos previstos para ello[401] aplicándose para esa convalidación lo recogido en la ley de adopción internacional española[402].

---

397 El documento en el que conste la adopción constituida ante autoridad extranjera deberá reunir los requisitos formales de autenticidad consistentes en la legalización o apostilla y en la traducción a idioma oficial español. Se exceptúan los documentos eximidos de legalización o traducción en virtud de otras normas vigentes.

398 Cuando la adopción se haya constituido en el extranjero y los adoptantes tengan su domicilio en España podrán solicitar la inscripción de nacimiento del menor y la marginal de adopción conforme a las normas contenidas en los artículos 12 y 16.3 de la Ley del Registro Civil.

399 Las decisiones de la autoridad extranjera en cuya virtud se establezca la conversión, modificación o nulidad de una adopción surtirán efectos legales en España con arreglo a las exigencias recogidas en el artículo 26 de la L. 54/2005.

400 Surtirá efectos en España, como adopción simple o menos plena, si se ajusta a la ley nacional del adoptado con arreglo al artículo 9.4 del Código Civil. La ley nacional del adoptado en forma simple o menos plena determinará la existencia, validez y efectos de tales adopciones, así como la atribución de la patria potestad.

401 La adopción simple o menos plena constituida en el extranjero será considerada como un acogimiento familiar en España.

402 Para instar el correspondiente expediente judicial no será necesaria la propuesta previa de la Entidad Pública competente.

En todo caso, para la conversión de una adopción simple o menos plena en una adopción plena, la autoridad española competente deberá examinar la concurrencia de los siguientes extremos:

a) Que las personas, instituciones y autoridades cuyo consentimiento se requiera para la adopción hayan sido convenientemente asesoradas e informadas sobre las consecuencias de su consentimiento, sobre los efectos de la adopción y, en concreto, sobre la extinción de los vínculos jurídicos entre el niño y su familia de origen.

b) Que tales personas hayan manifestado su consentimiento libremente, en la forma legalmente prevista y que este consentimiento haya sido prestado por escrito.

c) Que los consentimientos no se hayan obtenido median te pago o compensación de clase alguna y que tales consentimientos no hayan sido revocados.

d) Que el consentimiento de la madre, cuando se exija, se haya prestado tras el nacimiento del niño.

e) Que, teniendo en cuenta la edad y el grado de madurez del niño, éste haya sido convenientemente asesorado e informado sobre los efectos de la adopción y, cuando se exija, de su consentimiento a la misma.

f) Que, teniendo en cuenta la edad y el grado de madurez del niño, éste haya sido oído.

g) Que, cuando haya de recabarse el consentimiento del menor en la adopción, se examine que éste lo manifestó libremente, en la forma y con las formalidades legalmente previstas, y sin que haya mediado precio o compensación de ninguna clase.

En ningún caso procederá el reconocimiento de una decisión extranjera de adopción simple, o menos plena, si produce efectos manifiestamente contrarios al orden público internacional español. A tal efecto, se tendrá en cuenta el interés superior del menor.

De la Ley 54/2007, de 28 de diciembre a la Ley 26/2015[403], de 28 de julio, de modificación del sistema de protección

---

403 La reforma consta de cuatro artículos, veintiuna disposiciones finales, además de siete disposiciones adicionales, cinco disposiciones transitorias y una disposición derogatoria. En el artículo primero se reco-

a la infancia y a la adolescencia. Las modificaciones de la Ley Orgánica de Protección Jurídica del Menor se refieren, básicamente, a la adaptación de los principios de actuación administrativa a las nuevas necesidades que presenta la infancia y la adolescencia en España, tales como la situación de los menores extranjeros, los que son víctimas de violencia y la regulación de determinados derechos y deberes. Asimismo, se reconoce el derecho a obtener la preceptiva documentación de residencia a todos los menores extranjeros que estén tutelados por las Entidades Públicas una vez que haya quedado acreditada la imposibilidad de retorno con su familia o al país de origen.

Resaltaremos como aspecto novedoso en la norma, la regulación de los deberes del menor. Por otra parte, se realiza una profunda revisión de las instituciones del sistema de protección a la infancia y a la adolescencia[404].En el artículo 12 se garantiza el apoyo necesario para que los menores bajo la patria potestad, tutela, guarda o acogimiento de una víctima de violencia de género o doméstica puedan permanecer con la misma. Asimismo, se introduce la presunción de minoría de edad de una persona cuya mayoría de edad no haya podido establecerse con seguridad. Especial relevancia se otorga a la intervención en las situaciones de posible riesgo prenatal a los efectos de evitar con posterioridad una eventual declaración de situación de riesgo o desamparo del recién nacido. También se prevé una solución para los casos de atención sanitaria necesaria para el menor no consentida por sus progenitores u otros responsables legales, que conlleva también la modificación de la Ley de la Autonomía del Paciente[405].

---

gen las modificaciones de la Ley Orgánica, de Protección Jurídica del Menor; en el segundo las que afectan al código Civil; en el tercero las correspondientes a la Ley 54/2007. ; la disposición adicional quinta establece un mecanismo interterritorial de asignaciones de familias para acogimiento, o, en su caso, adopción; y la disposición adicional sexta establece una equiparación de regímenes jurídicos de acogimiento previstos en la presente ley con relación a las normas existentes con anterioridad a la misma y a las legislaciones correspondientes de las Comunidades Autónomas. Las dos primeras disposiciones transitorias establecen la normativa aplicable a los procedimientos judiciales ya iniciados a la fecha de su entrada en vigor, así como al cese de los acogimientos constituidos judicialmente.

404   Capítulo III , título I de la ley.

405   Preámbulo de la Ley 26/2015, de 28 de julio, de modificación del sistema de protección a la infancia y a la adolescencia.

En referencia al art. 17 de la Ley 26/2015, ampara la situación de guarda provisional regulando la situación de riesgo y la intervención adecuada con la base de evitar decisiones que impliquen una separación de la familia de origen en detrimento del interés del menor primando las decisiones consensuadas frente a las impuestas[406].

Por su parte el art. 18 de la ley de 2015 en su desarrollo y clarificación de la situación de desamparo aclara y nomencla el marco de las situaciones calificables como tal.

En el art. 19 bis por su parte se incorpora la preeminencia del criterio del interés del menor en cuanto a la prórroga de la situación de guarda de menores al respecto de su limitación temporal, dos años, ampliándola si las circunstancias así lo exigieren.

Quizás el mayor acierto de esa ley es la simplificación de la figura del acogimiento familiar, eso sí, con el control jurisdiccional del mismo y con un estudio de adecuación al respecto de los acogedores.

El art. 21 establece la prioridad del acogimiento familiar para los menores de seis años e imprescindible para los de tres, sin perjuicio de necesaria excepción a este criterio en base al interés superior del menor.

También el art. 22 recoge una cuestión fundamental como es la preparación de la vida independiente de los menores tutelados.

Las principales modificaciones del Código Civil están referidas al sistema español de protección de menores. Se introduce un nuevo apartado en el artículo 19 para prever la doble nacionalidad en supuestos de adopción internacional, en los cuales la legislación del país de origen del menor adoptado prevea la conservación de su nacionalidad de origen.

Se redefinen las modalidades de acogimiento familiar en función de su duración. Se suprime el acogimiento provisional, así como el acogimiento preadoptivo que, en definitiva, es actualmente una fase del procedimiento de adopción. Con ello se introduce claridad en los verdaderos supuestos de acogimiento familiar, que quedarán concretados en acogimiento de urgencia, acogimiento temporal, antiguo acogi-

---

406 Especial importancia se otorga a las situaciones de riesgo prenatal.

miento simple, con una duración máxima de dos años, salvo que el interés superior del menor aconseje una prórroga, y acogimiento permanente.

Se amplía el plazo del asentimiento de la madre natural de treinta días a seis semanas.

Sin duda uno de los mayores avances en la regulación adoptiva, más humano y menos burocrático o con un petreo formalismo que a la postre conculque los derechos que se pretendían proteger es el art. 176 bis, CC. que regula la guarda con fines de adopción. Permitiéndose el inicio de la convivencia provisional hasta que se formalice la adopción dictándose la oportuna resolución judicial, con el fin de evitar que el menor tenga que permanecer durante ese tiempo en un centro de protección o con otra familia. Esto podrá tener lugar mediante la correspondiente delegación de guarda de la Entidad Pública.

Otra novedad que humaniza el Nuevo concepto de adopción sería el art. 178 CC. el cual permite la relación, mediante visitas o comunicaciones con algún miembro de la familia de origen o natural[407].

10.1. Criterios básicos de la institución adoptiva

La institución adoptiva ha evolucionado mucho desde la antigua Roma hasta la actualidad, así el primer criterio, básico en la adopción actual es el de protección del menor, si bien en Roma el adoptado no era la figura básica por serlo el adoptante, hoy en día el centro de gravedad de la institución ha variado completamente, ha girado ciento ochenta grados hasta pasar a tomarse el interés del menor (como concepto jurídico amplísimo y con innumerables ramificaciones) como la base de esta institución en contraposición con la finalidad «continuista del culto y de las tradiciones familiares de la antigua Roma».

---

407 Se trata de una figura establecida con diferente amplitud y contenido en la legislación de diversos países, tales como los Estados Unidos de América, Gran Bretaña, Austria, Canadá o Nueva Zelanda. En unos casos está configurada como «un acuerdo privado entre las partes». Por su parte el art. 180 CC. refuerza el derecho de acceso a los orígenes de las personas adoptadas, obligando a las Entidades Públicas a garantizarlo y mantener la información durante el plazo previsto en el Convenio Europeo de Adopción.

El segundo criterio es el de la *adoptio imitatur naturam*, principio justinianeo que no deja de ser válido en nuestros días.

El tercero sería el de igualdad de filiaciones mediante el cual se equiparán miméticamente a los hijos naturales y adoptados no cabiendo prácticamente ni siquiera esta clasificación hecha solo con fines académicos.

10.2. Principios jurídicos básicos de la adopción

Siguiendo a Castán, Albadalejo, Diez Picazo y Gullón resaltaremos:

- Se trata de un acto jurídico creador de vínculos al menos entre dos personas.

- Crea un parentesco civil del que resultan relaciones análogas a la paternidad y la filiación por naturaleza[408].

- Múltiples efectos entre múltiples sujetos ya que no solo afecta a adoptante y adoptado sino a todos los que guarden vínculos familiares con el adoptante, pasando el adoptado a ocupar un lugar idéntico al de un hijo natural.

- Es un instrumento de integración familiar[409] y de desintegración de relaciones paternofiliales y de parentesco previas «cese de obligaciones y derechos con su familia natural».

- Instrumento de naturaleza procesal o judicial[410].(si bien se observan opiniones encontradas doctrinalmente al respecto)[411].

---

408 Xavier O´Callahan Muñoz, *Compendio de Derecho Civil*, (Madrid, 2012), cit., p. 220 donde recoge las opiniones de los autores arriba mencionados.

409 Díez-Picazo, L., y Gullón, A., *Sistema de Derecho Civil*, Vol. IV, (Madrid, 2004), págs. 288 y 289. En donde definen la adopción como «un instrumento de integración familiar» que se configura «mediante la completa ruptura del vínculo jurídico que el adoptado mantenía con su familia y la creación ope legis de una relación de filiación a la que resultan aplicables las normas generales sobre la filiación contenidas en los artículos 108 y siguientes».

410 Art. 176 CC. establece que «la adopción se constituye por resolución judicial, esto junto con la supresión de la fase notarial de la misma, da como resultado que se deseche la naturaleza negocial de esta institución».

411 Lacruz Berdejo, J.L., y Otros, *El nuevo régimen de la familia. IV. Acogimiento y adopción*, p. 87 y ss.

10.3. El interés del menor

No puedo dejar de citar en este punto a un personaje histórico de transcendental importancia, tratándose de, Charles Dickens, la falta de rigor jurídico de este comentario es suplida por la bien conocida crítica social patente en sus obras y escritos como Oliver Twist en donde denuncia la situación de los menores acogidos en orfanatos en la Inglaterra victoriana. Figuras como Dickens, son los que hacen que nuestras sociedades avancen.

En este sentido la Ley Orgánica 1/1996, de 15 de enero, de protección jurídica del menor, establece en su artículo 2: «en la aplicación de la presente Ley primará el interés superior de los menores sobre cualquier otro interés legítimo que pudiera concurrir», siendo éste un concepto jurídico indeterminado que exige un estudio casuístico, valorativo de un amplio abanico de circunstancias concurrentes familiares, sociales, culturales, económicas[412].

El interés del menor como principio rector de todo el proceso adoptivo queda patente en dos preceptos.

Art. 177 CC.

«1. Habrán de consentir la adopción, en presencia del Juez, el adoptante o adoptantes y el adoptando mayor de doce años.
2. Deberán asentir a la adopción:
1.º El cónyuge o persona unida al adoptante por análoga relación de afectividad a la conyugal salvo que medie separación o divorcio legal o ruptura de la pareja que conste fehacientemente, excepto en los supuestos en los que la adopción se vaya a formalizar de forma conjunta.
2.º Los progenitores del adoptando que no se hallare emancipado, a menos que estuvieran privados de la patria potestad por sentencia firme o incursos en causa legal para tal privación. Esta situación solo podrá apreciarse en el procedimiento judicial contradictorio que se tramitará conforme a la Ley de Enjuiciamiento Civil.

---

412 *Ibíd.*, pág. 6. *Cfr.* RODRÍGUEZ ENNES, L., «La intervención judicial en materia de adopción a partir de la ley de 1987», en Ramón LÓPEZ-ROSA y Felipe DEL PINO-*Toscano* (Eds.), *op. cit.*, p. 633.

No será necesario el asentimiento cuando los que deban prestarlo se encuentren imposibilitados para ello, imposibilidad que se apreciará motivadamente en la resolución judicial que constituya la adopción.

Tampoco será necesario el asentimiento de los progenitores que tuvieren suspendida la patria potestad cuando hubieran transcurrido dos años desde la notificación de la declaración de situación de desamparo, en los términos previstos en el artículo 172.2, sin oposición a la misma o cuando, interpuesta en plazo, hubiera sido desestimada.

El asentimiento de la madre no podrá prestarse hasta que hayan transcurrido seis semanas desde el parto.

En las adopciones que exijan propuesta previa no se admitirá que el asentimiento de los progenitores se refiera a adoptantes determinados.

3. Deberán ser oídos por el Juez:

1.° Los progenitores que no hayan sido privados de la patria potestad, cuando su asentimiento no fuera necesario para la adopción.

2.° El tutor y, en su caso, la familia acogedora, y el guardador o guardadores.

3.° El adoptando menor de doce años de acuerdo con su edad y madurez.

4. Los consentimientos y asentimientos deberán otorgarse libremente, en la forma legal requerida y por escrito, previa información de sus consecuencias».

180.2 CC.

«El juez acordará la extinción de la adopción a petición del padre o de la madre que, sin culpa suya, no hubieren intervenido en el expediente en los términos expresados en el artículo 177. Será también necesario que la demanda se interponga dentro de los dos años siguientes a la adopción y que la extinción solicitada no perjudique gravemente al menor».

La intervención judicial que procede a valorar el interés del menor en el procedimiento adoptivo siendo este precepto la piedra angular del mismo, siendo la voluntad del tutor o guardador aspecto secundario a tener en cuenta.

Es resumidamente la parte esencial de la legislación al respecto, es «un criterio condicionante para atender a la integración familiar que se quiere propiciar»[413]. Según éste mismo autor el interés del menor se ve «administrativizado» atribuyéndole la competencia de valorar su interés a expertos en la materia de la administración cuyas observaciones son objeto de trascendental importancia en la decisión judicial estableciendo que le corresponde a éstos apreciar el interés del del menor y decidir s se ha de reinsertar al menor en su familia[414], integrarlo en otro ámbito familiar con carácter temporal (acogimiento)[415] o integrarlo en un ámbito familiar de manera permanente o adoptiva[416].

La elaboración de la legislación nacional es en gran medida en el enco de países civilizados reflejo de la legislación internacional, en este sentido la legislación patria sigue a La Convención de Estrasburgo de 24 de abril de 1967, sobre la adopción de niños. La cual fija que los responsables de observar la idoneidad del adoptante sean expertos en la materia como son los Servicios sociales. El texto presenta o elabora un elenco de los criterios a tener en cuenta a la hora de conceder la adopción:

a) La personalidad, salud y la situación económica del adoptante, así como la vida familiar del adoptante y su aptitud para educar al adoptando.

b) Los motivos por los cuales el adoptante desea adoptar al niño.

c) En los casos en los que la solicitud de adopción procediera de un solo cónyuge, las razones por las que el otro no se hubiera asociado a la petición.

d) La relación entre el adoptando y el adoptante y la duración del periodo durante el cual el menor ha sido confiado al cuidado de quien pretende adoptarle.

---

413 PÉREZ ÁLVAREZ, M.A., op. cit., pág. 220.
414 art. 172.4 CC.
415 AMORÓS, P., Y PALACIOS, J., Acogimiento familiar, (Madrid, 2004).
416 Convención de Estrasburgo de 24 de abril de 1967. Art. 9.1 de dicha Convención prohíbe que se constituya la adopción si no se precede de un informe apropiado concerniente al adoptante, al adoptando y a su familia.
Artículo 9.3 señala la necesidad, en la medida de lo posible, de que se confíe a trabajadores sociales cualificados por su formación y experiencia la elaboración de dicho informe preceptivo.

e) La personalidad, la salud del menor y, salvo que medie prohibición legal, los orígenes del adoptando.

f) Los sentimientos del adoptando respecto del adoptante propuesto.

g) Si procediera, la religión del adoptante y la del menor.

Al respecto de estos principios, Evelia Alonso Crespo, en su libro Adopción Nacional e Internacional, dice que «el menor tiene derecho a que estos principios se materialicen, descendiendo de lo ideal o teórico a lo real y tangible, a lo exigible»[417].

10.4. El derecho del menor a ser escuchado

Deriva en primer lugar del art. 39 CE[418] y de la propia exposición de motivos de la ley del menor[419].

Autores como ALONSO CRESPO[420] mitigan esta exigencia al poner de relieve que el niño ha de ser escuchado, pero a la vez protegido, y esto incluiría la protección contra sus propias equivocaciones. Siendo el juez el sujeto encargado en última instancia al proceder a dictar la resolución judicial el que valora el interés del menor, sin que el informe de los servicios sociales sea vinculante, lo que iría en contra de la independencia del poder judicial, aspecto que refuerza el carácter procesal o judicial de esta institución[421].

---

417 ALONSO CRESPO, E. *Adopción Nacional e Internacional*, (Madrid 2004).

418 «prestar asistencia de todo orden a los hijos habidos dentro o fuera del matrimonio, durante su minoría de edad y en los demás casos en que legalmente proceda».

419 El desarrollo legislativo postconstitucional refleja esta tendencia, introduciendo la condición de sujeto de derechos a las personas menores de edad. Así, el concepto «ser escuchado si tuviere suficiente juicio» se ha ido trasladando a todo el ordenamiento jurídico en todas aquellas cuestiones que le afectan. Este concepto introduce la dimensión del desarrollo evolutivo en el ejercicio directo de sus derechos. Las limitaciones que pudieran derivarse del hecho evolutivo deben interpretarse de forma restrictiva. Más aún, esas limitaciones deben centrarse más en los procedimientos, de tal manera que se adoptarán aquellos que sean más adecuados a la edad del sujeto.

420 *Vid*: ALONSO CRESPO, E. *Adopción Nacional e Internacional*, (Madrid 2004).

421 PÉREZ ÁLVAREZ, M.A., *La nueva adopción*. cit., pp. 226 y 227. *Vid*. RO-DRÍGUEZ ENNES, L., «La intervención judicial en materia de adopción a partir de la Ley de 1987».

10.5. Requisitos de la adopción

El primero si bien no nombrado específicamente sería el de tener capacidad jurídica tanto las personas físicas, como las jurídicas lo tienen si bien estas últimas no pueden adoptar, debido a que no tienen aptitud para ser titulares de relaciones familiares[422].

Tampoco podrá adoptar un incapacitado por sentencia judicial en la cual se le incapacite para la adopción, ni un menor, ni un mayor de edad que no tuviese 14 años más que el adoptado (art. 175.CC.) siempre que éste no sea cónyuge del adoptante en cuyo caso con que sea mayor de que el adoptante es suficiente ya que así no se da la paradoja de que se adopte a un hijo mayor que uno de sus padres «minorem natu non posee maiorem adoptare».

Artículo 175 CC.

«1. La adopción requiere que el adoptante sea mayor de veinticinco años. Si son dos los adoptantes bastará con que uno de ellos haya alcanzado dicha edad. En todo caso, la diferencia de edad entre adoptante y adoptando será de, al menos, dieciséis años y no podrá ser superior a cuarenta y cinco años, salvo en los casos previstos en el artículo 176.2. Cuando fueran dos los adoptantes, será suficiente con que uno de ellos no tenga esa diferencia máxima de edad con el adoptando. Si los futuros adoptantes están en disposición de adoptar grupos de hermanos o menores con necesidades especiales, la diferencia máxima de edad podrá ser superior. No pueden ser adoptantes los que no puedan ser tutores de acuerdo con lo previsto en este código.
2. Únicamente podrán ser adoptados los menores no emancipados. Por excepción, será posible la adopción de un mayor de edad o de un menor emancipado cuando, inmediatamente antes de la emancipación, hubiere existido una situación de acogimiento con los futuros adoptantes o de convivencia estable con ellos de, al menos, un año».

---

422 Xavier O'Callahan Muñoz, *Compendio de Derecho Civil*, Tomo IV, Derecho de Familia, (Madrid, 2012), cit., p. 222.

10.6. Prohibiciones para adoptar

Art. 175.3. CC[423]

«1.º A un descendiente.
2.º A un pariente en segundo grado de la línea colateral por consanguinidad o afinidad.
3.º A un pupilo por su tutor hasta que haya sido aprobada definitivamente la cuenta general justificada de la tutela.
4. Nadie podrá ser adoptado por más de una persona, salvo que la adopción se realice conjunta o sucesivamente por ambos cónyuges o por una pareja unida por análoga relación de afectividad a la conyugal. El matrimonio celebrado con posterioridad a la adopción permitirá al cónyuge la adopción de los hijos de su consorte. Esta previsión será también de aplicación a las parejas que se constituyan con posterioridad. En caso de muerte del adoptante, o cuando el adoptante sufra la exclusión prevista en el artículo 179, será posible una nueva adopción del adoptado.
5. En caso de que el adoptando se encontrara en acogimiento permanente o guarda con fines de adopción de dos cónyuges o de una pareja unida por análoga relación de afectividad a la conyugal, la separación o divorcio legal o ruptura de la relación de los mismos que conste fehacientemente con anterioridad a la propuesta de adopción no impedirá que pueda promoverse la adop-

---

423 Artículo 175.
3. No puede adoptarse:
1.º A un descendiente.
2.º A un pariente en segundo grado de la línea colateral por consanguinidad o afinidad.
3.º A un pupilo por su tutor hasta que haya sido aprobada definitivamente la cuenta general justificada de la tutela.
4. Nadie puede ser adoptado por más de una persona, salvo que la adopción se realice conjunta o sucesivamente por ambos cónyuges. El matrimonio celebrado con posterioridad a la adopción permite al cónyuge la adopción de los hijos de su consorte. En caso de muerte del adoptante, o cuando el adoptante sufra la exclusión prevista en el artículo 179, es posible una nueva adopción del adoptado.
Número 4 del artículo 175 redactado por el apartado siete del artículo único de la Ley 13/2005, de 1 de julio, por la que se modifica el Código Civil en materia de derecho a contraer matrimonio («B.O.E.» 2 julio).
Vigencia: 3 julio 2005.

ción conjunta siempre y cuando se acredite la convivencia efectiva del adoptando con ambos cónyuges o con la pareja unida por análoga relación de naturaleza análoga a la conyugal durante al menos dos años anteriores a la propuesta de adopción».

Analizando estos preceptos observamos una serie de axiomas provenientes ya del derecho romano.

Cumpliendo el límite de edad y con la capacidad suficiente, cualquier persona podría ser adoptante con independencia de su estado civil, hasta los fallecidos pueden hacerlo si han prestado consentimiento previo ante un juez. Los efectos de la resolución judicial en este caso se retrotraerán a la fecha de prestación de tal consentimiento[424].

Actualmente la edad mínima para adoptar es de 25 años tras la reforma del año 1987, esta edad que se ha ido rebajando desde los 45 que exigía el Código civil en su redacción originaria, pasando por los 35, tras la reforma operada por la ley de 24 de abril de 1958, los 30 exigidos tras la ley de 4 de julio de 1970, hasta llegar a la edad exigida en la actualidad que se mantiene en 25 años.

---

424 Artículo 176
1. La adopción se constituye por resolución judicial, que tendrá en cuenta siempre el interés del adoptando y la idoneidad del adoptante o adoptantes para el ejercicio de la patria potestad.
2. Para iniciar el expediente de adopción es necesaria la propuesta previa de la entidad pública a favor del adoptante o adoptantes que dicha entidad pública haya declarado idóneos para el ejercicio de la patria potestad. La declaración de idoneidad podrá ser previa a la propuesta.
No obstante, no se requiere propuesta cuando en el adoptando concurra alguna de las circunstancias siguientes:
1.ª Ser huérfano y pariente del adoptante en tercer grado por consanguinidad o afinidad.
2.ª Ser hijo del consorte del adoptante.
3.ª Llevar más de un año acogido legalmente bajo la medida de un acogimiento preadoptivo o haber estado bajo su tutela por el mismo tiempo.
4.ª Ser mayor de edad o menor emancipado.
3. En los tres primeros supuestos del apartado anterior podrá constituirse la adopción, aunque el adoptante hubiere fallecido, si éste hubiese prestado ya ante el Juez su consentimiento. Los efectos de la resolución judicial en este caso se retrotraerán a la fecha de prestación de tal consentimiento. Artículo 176 redactado por L.O. 1/1996, 15 enero («B.O.E.» 17 enero), de Protección Jurídica del Menor.

Las finalidades de la progresiva rebaja son de índole social, al ampliarse así significativamente el elenco de posibles adoptantes y legislativa[425]. Pero el Código no sólo ha rebajado la exigencia de la edad de manera progresiva, sino que ha eliminado la primigenia exigencia de que el adoptante no tuviese hijos naturales, lo que es muestra palpable del cambio del centro de gravedad en la figura de la adopción del adoptante hacia el adoptado primando el interés de este último y no la tratando la misma como un mero remedio o paliativo a la falta de descendencia natural.

LETE DEL RÍO hace una interesante y, por otra parte, lógica apreciación al respecto de la exigencia de la edad, debido a la conveniencia de evitar adopciones prematuras y no meditadas, basado en la necesidad de que el adoptante tenga una madurez de juicio que le permita cumplir adecuadamente los deberes a que la institución implica; si bien el autor expresa la excesiva diferencia entre la edad mínima legal para contraer matrimonio y la exigida para poder adoptar, esto se vuelve a justificar en el hecho de que se proteja el interés del menor: «Desde una perspectiva puramente teórica, este modo de argumentar es irreprochable; pero, en cambio, desde el punto de vista del Derecho positivo vigente resulta muy poco convincente, incluso me atrevería a decir que es contradictorio con la normativa del matrimonio e incluso con la propia regulación de la adopción. En primer lugar, es obvio que choca con el dato legal de que el matrimonio se puede contraer a partir de los dieciocho años o de los dieciséis en caso de emancipación, e incluso desde los catorce con dispensa de edad; pues, a sensu contrario, supone afirmar que los hijos de estos matrimonios (contraídos antes de los veinticinco años) han sido habidos prematura y precipitadamente, y que, por tanto, los padres carecerían de la madurez de juicio suficiente para cumplir con los deberes que se derivan de la relación paterno-filial; con la consecuencia de que, si esto es cierto, se debería proceder al acogimiento de estos menores, así como al aumento de la edad requerida para contraer matrimonio. Por otra parte, no cabe desconocer que la posible falta de madurez del adoptante, que efectivamente puede existir cualquiera que sea la edad que

---

425   Art. 7.1 de la Convención de Estrasburgo de 24 de abril de 1967, sobre adopción de niños, establece una edad mínima para ser adoptante ente los veintiuno y treinta y cinco años.

se fije, es un dato relevante para ponderar por el juez, y que le permite denegar la adopción que se pretenda; pues tampoco puede olvidarse que la adopción ya no se constituye mediante el consentimiento, aunque éste continúe siendo un presupuesto esencial, sino por la resolución judicial»[426].

La idoneidad de la edad para ser adoptante se aplica al comienzo de los trámites para iniciar el procedimiento de adopción y no durante la tramitación del mismo.

Este requisito es obviado por la adopción conjunta de ambos cónyuges o integrantes de una pareja unida de forma permanente por una relación de afectividad análoga a la conyugal[427].

Siguiendo a GIL MARTINEZ diremos que se observa erróneo el hecho de no establecerse una edad máxima a la hora de adoptar ya que una diferencia de edad muy superior a la edad natural impediría el llevar a cabo los deberes inherentes a la guarda y custodia del adoptado. El criterio de la excesiva diferencia de edad si bien no es observado por el legislador, sí que deberá ser observado por el informe de los servicios sociales y en última instancia por el juez adaptándolo con el principio o máxima absoluta del interés del adoptado observando en cada caso si se ha de obviar el factor de diferencia de edad o no por observarse, pese a ser ésta, más beneficioso para el interés del adoptado.

10.7. Capacidad. (Consentimiento, asentimiento y audiencia)

Artículo 176 CC.

«1. La adopción se constituirá por resolución judicial, que tendrá en cuenta siempre el interés del adoptando y la idoneidad del adoptante o adoptantes para el ejercicio de la patria potestad.

2. Para iniciar el expediente de adopción será necesaria la propuesta previa de la Entidad Pública a favor del adoptante o adoptantes que dicha Entidad Pública haya

---

426 LETE DEL RÍO, J.M., «Personas que pueden adoptar y ser adoptadas», cit., p. 480 y ss.

427 *Cfr.* Disposición final 3.ª de la Ley 21/1987.

declarado idóneos para el ejercicio de la patria potestad. La declaración de idoneidad deberá ser previa a la propuesta.

No obstante, no se requerirá tal propuesta cuando en el adoptando concurra alguna de las circunstancias siguientes:

1.ª Ser huérfano y pariente del adoptante en tercer grado por consanguinidad o afinidad.

2.ª Ser hijo del cónyuge o de la persona unida al adoptante por análoga relación de afectividad a la conyugal.

3.ª Llevar más de un año en guarda con fines de adopción o haber estado bajo tutela del adoptante por el mismo tiempo.

4.ª Ser mayor de edad o menor emancipado.

3. Se entiende por idoneidad la capacidad, aptitud y motivación adecuadas para ejercer la responsabilidad parental, atendiendo a las necesidades de los menores a adoptar, y para asumir las peculiaridades, consecuencias y responsabilidades que conlleva la adopción.

La declaración de idoneidad por la Entidad Pública requerirá una valoración psicosocial sobre la situación personal, familiar, relacional y social de los adoptantes, así como su capacidad para establecer vínculos estables y seguros, sus habilidades educativas y su aptitud para atender a un menor en función de sus singulares circunstancias. Dicha declaración de idoneidad se formalizará mediante la correspondiente resolución.

No podrán ser declarados idóneos para la adopción quienes se encuentren privados de la patria potestad o tengan suspendido su ejercicio, ni quienes tengan confiada la guarda de su hijo a la Entidad Pública.

Las personas que se ofrezcan para la adopción deberán asistir a las sesiones informativas y de preparación organizadas por la Entidad Pública o por Entidad colaboradora autorizada.

4. Cuando concurra alguna de las circunstancias 1.ª, 2.ª o 3.ª previstas en el apartado 2 podrá constituirse la adopción, aunque el adoptante hubiere fallecido, si éste hubiese prestado ya ante el Juez su consentimiento o el mismo hubiera sido otorgado mediante documento público o en testamento. Los efectos de la resolución judicial en este caso se retrotraerán a la fecha de prestación de tal consentimiento».

10.8. El caso especial de la *adoptio postmortem*[428]

En este caso se retrotraen los efectos de la adopción al momento en que el difunto hubo prestado su consentimiento ante el juez, pero solo en caso de ser tío por consanguinidad o afinidad del adoptado o hijo de cónyuge difunto.

La finalidad de esta excepción es la de beneficiar al menor al instituirlo heredero[429]. Circunstancia que será tenida en cuenta por el juez a la hora de constituir la adopción a favor de un fallecido, primando en todo caso en primer lugar el interés del adoptado.

10.9. Adopciones plurales y sucesivas. (Art. 175.4)

Adoptatio naturam imitatur. La institución pretende mimetizar una situación natural y la de los hijos procreados biológicamente. Lo que quiere decir que por ejemplo en el caso de adopción por ambos cónyuges el requisito de tener cum-

---

428 Artículo 176: 1. La adopción se constituye por resolución judicial, que tendrá en cuenta siempre el interés del adoptando y la idoneidad del adoptante o adoptantes para el ejercicio de la patria potestad.
2. Para iniciar el expediente de adopción es necesaria la propuesta previa de la entidad pública a favor del adoptante o adoptantes que dicha entidad pública haya declarado idóneos para el ejercicio de la patria potestad. La declaración de idoneidad podrá ser previa a la propuesta.
No obstante, no se requiere propuesta cuando en el adoptando concurra alguna de las circunstancias siguientes:
1.ª Ser huérfano y pariente del adoptante en tercer grado por consanguinidad o afinidad.
2.ª Ser hijo del consorte del adoptante.
3.ª Llevar más de un año acogido legalmente bajo la medida de un acogimiento preadoptivo o haber estado bajo su tutela por el mismo tiempo.
4.ª Ser mayor de edad o menor emancipado.
3. En los tres primeros supuestos del apartado anterior podrá constituirse la adopción, aunque el adoptante hubiere fallecido, si éste hubiese prestado ya ante el Juez su consentimiento. Los efectos de la resolución judicial en este caso se retrotraerán a la fecha de prestación de tal consentimiento.
Artículo 176 redactado por L.O. 1/1996, 15 enero («B.O.E.» 17 enero), de Protección Jurídica del Menor.

429 LETE DEL RÍO, J.M., «Personas que pueden adoptar y ser adoptadas», pp. 491 y ss.

plidos los 25 años sólo es exigido a uno de ellos. Lo anterior se aplicará a las parejas unidas de forma permanente por una relación análoga a la conyugal[430].

El caso de la adopción sucesiva, por su parte, y a diferencia de la múltiple, sería la constitución de una nueva adopción que extingue a la anterior. Sería indicada para casos como el de fallecimiento del adoptante o si así lo requiere el Ministerio Fiscal, el adoptado, su representante legal o el juez estimase acordar las funciones tuitivas del adoptante, así como los derechos que le correspondiesen a la persona del adoptado, de sus descendientes o en sus herencias, si el adoptante hubiese incurrido en causa de privación de patria potestad[431]. Y así viene recogido en el Código Civil tras la reforma de la Ley de 11 de noviembre de 1987[432].

10.10. Adoptantes homosexuales y transexuales

Tras la reforma de 1987 se les reconoce la capacidad de adoptar en condiciones de igualdad con los heterosexuales. Se abriría el debate aquí de si el juez llegase a estimar que esto no es adecuado al interés del menor podría negar la adopción basándose en que la opción sexual de los padres podría afectar de manera negativa al desarrollo integral del menor, como ya ha ocurrido en otros estados[433]. Lo cual no se podría llegar a dar en España por ser una clara discriminación por razón de sexo y por ende inconstitucional. El caso de la adopción por parte de parejas del mismo sexo tras la reforma de la Ley 13/2005, de 1 de Julio la cual ya en su exposición de motivos expresa su inequívoca intención de equiparar absolutamente un matrimonio heterosexual con

---

430   Disposición Adicional tercera de la ley de 11 de noviembre de 1987.

431   *Cfr.* art. 179 C.c.

432   *Cfr.* GIL MARTÍNEZ, A., *La reforma de la adopción*, cit., pág. 41.

433   STC. TED., FRETTÉ Vs. FRANCIA, 26 de febrero de 2002, por la que el alto tribunal europeo declaró que la denegación de la adopción a un ciudadano francés, soltero y de condición homosexual, no violaba los artículos 8 y 14 de la Convención de defensa de los Derechos del hombre y de las libertades fundamentales que prohíben respectivamente, la discriminación por razón de sexo y establecen el respeto a la vida familiar, por entender que las autoridades francesas actuaron dentro del margen de discrecionalidad que permite la búsqueda del mejor interés del menor.

uno de tendencia homosexual eliminando toda discriminación basada en la orientación sexual, equiparando el código hasta en la cuestión terminológica[434] y con mención específica a la equiparación de los efectos del matrimonio para la institución de la adopción[435] y para cualquier otra[436].

10.11. Quienes pueden ser adoptados (175.2)[437]

La reforma operada tras la Ley 21/1987 muestra la clara intención del legislador de reservar la adopción a los menores de edad configurando esta institución como un instrumento de integración familiar.

El primer requisito para ser adoptado es el de ser una persona física, se trata de una institución creada para las rela-

---

434   Se substituyen los términos marido y mujer, por los cónyuges, lo cual lo hace en los artículos 66, 67 y los términos padre y madre, por progenitores, como se hace en el artículo 154.

435   Punto II de la Exposición de motivos de la Ley 13/2005, de 1 de julio, por la que se modifica el Código Civil en materia de derecho a contraer matrimonio: «remover una larga historia de discriminación basada en la orientación sexual», estableciendo para ello «un marco de realización personal que permita que aquellos que libremente adoptan una opción sexual y afectiva por personas de su mismo sexo puedan desarrollar su personalidad y sus derechos en condiciones de igualdad», lo cual, además, afirma el legislador, «se ha convertido en exigencia de los ciudadanos de nuestro tiempo. En el contexto señalado, la ley permite que el matrimonio sea celebrado entre personas de este o distinto sexo, con plenitud e igualdad de derechos y obligaciones cualquiera que sea su composición. En consecuencia, los efectos del matrimonio, que se mantienen en su integridad respetando la configuración objetiva de la institución, serán únicos en todos los ámbitos con independencia del sexo de los contrayentes; entre otros, tanto los referidos a derechos y prestaciones sociales como la posibilidad de ser parte en procedimientos de adopción».

436   Art. 44 del CC. Tras la reforma operada por la Ley 13/2005, de 1 de julio: «El hombre y la mujer tienen derecho a contraer matrimonio conforme a las disposiciones de este Código. El matrimonio tendrá los mismos requisitos y efectos cuando ambos contrayentes sean del mismo o de diferente sexo».

437   Art. 175.2. Únicamente podrán ser adoptados los menores no emancipados. Por excepción, será posible la adopción de un mayor de edad o de un menor emancipado cuando, inmediatamente antes de la emancipación, hubiere existido una situación no interrumpida de acogimiento o convivencia, iniciada antes de que el adoptando hubiere cumplido los catorce años.

ciones interpersonales de carácter no mercantil no pudiendo adoptarse a una persona jurídica[438]. Ha de ser menor de edad no emancipado, siendo el caso de la adopción de los emancipados o mayores de edad solamente autorizado cuando se da una situación de acogimiento o convivencia previa con la adoptante iniciada antes de que el adoptado cumpliese los catorce años.

10.12. El caso de la adopción del *nasciturus*

Cierto sector doctrinal representado GAMBÓN ALIX, GÓMEZ DE LIAÑO y GARCÍA CANTERO[439] es proclive a la realización de esta. Basándose en que el concebido se tiene por nacido en todos los efectos que le sean favorables[440]. Otros admiten que se comience el expediente de adopción durante el embarazo de la madre y otros como Diez Picazo, Gullón Ballesteros y Cuevas Castaño niegan totalmente la posibilidad de la adopción del *nasciturus*.

La doctrina a veces se ocupa de temas como la posibilidad de adoptar a un *concepturus*, si bien la remota posibilidad de existencia en España no impide que a fecha de los corrientes sea aceptada en otras legislaciones algo que podría ser calificado como tal, que sería la gestación subrogada. No autorizada en España, siendo reconocida en otros países[441].

---

438 GAMBÓN ALIX, G., *La adopción*, Ed. Bosch, Barcelona, 1960, pág. 113, que «la llamada adopción en determinadas localidades por el Caudillo para ciertos efectos económicos y fiscales no guarda relación, naturalmente, con la adopción del Derecho privado y debe más bien considerarse una expresión metafórica».

439 *Ibídem*

440 Arts 29 y 30 del CC:
Artículo 29: El nacimiento determina la personalidad; pero el concebido se tiene por nacido para todos los efectos que le sean favorables, siempre que nazca con las condiciones que expresa el artículo siguiente.
Artículo 30: La personalidad se adquiere en el momento del nacimiento con vida, una vez producido el entero desprendimiento del seno materno.
Ir a Norma modificadora Artículo 30 redactado por la disposición final tercera de la Ley 20/2011, de 21 de julio, del Registro Civil («B.O.E.» 22 julio). Vigencia: 23 julio 2011.

441 Países del mundo en los que esta técnica de reproducción asistida está legalizada en mayor o menor medida son: Estados Unidos, Canadá, Reino Unido, Ucrania, Rusia, Georgia, Australia, Sudáfrica, India y Tailandia. Cada país tiene diferentes grados de permisividad y condiciones para la gestación subrogada.

11.

ANÁLISIS DE LA LEY DE ADOPCIÓN INTERNACIONAL

Tal y como establece la propia exposición de motivos del Real Decreto 573/2023, de 4 de julio, por el que se aprueba el Reglamento de Adopción internacional, la actual legislación viene propiciada por las previas modificaciones legislativas y por la necesaria adaptación al criterio de nuestro máximo intérprete legal el Tribunal constitucional, así, citando la exposición de motivos del decreto diremos que el Real Decreto 165/2019, de 22 de marzo, por el que se aprueba el Reglamento de Adopción internacional, supuso el desarrollo de las modificaciones introducidas en la Ley 54/2007, de 28 de diciembre, de Adopción internacional, por la Ley 26/2015, de 28 de julio, de modificación del sistema de protección a la infancia y a la adolescencia.

Una vez aprobado el Reglamento de Adopción internacional, se planteó por el Gobierno de Cataluña un conflicto de competencia contra determinados artículos, la disposición transitoria única y la disposición final primera del citado Real Decreto 165/2019, de 22 de marzo, ante el Tribunal Constitucional. En este sentido, el 22 de marzo de 2021 se publicó en el «Boletín Oficial del Estado» la Sentencia del Tribunal Constitucional, STC 36/2021, de 18 de febrero, sobre la citada cuestión, pronunciándose al respecto, y estimando parcialmente el conflicto positivo de competencias. En consecuencia, se declaran inconstitucionales determinados artículos de la norma. Se hace, por tanto, necesario derogar el Real

Decreto 165/2019, de 22 de marzo, para dar cumplimiento a la citada resolución, adaptando la regulación al marco constitucional y evitando las consecuencias desfavorables que conllevaría la falta de armonización de la normativa vigente en materia de adopción internacional.

La norma regula en mayor o menor medida los aspectos relativos a trámites adoptivos internacionales, así como su contro organismos de control, así como los principios de aplicación o más bien una suerte de declaración de intenciones de la citada ley, así como el principio de seguridad jurídica y celeridad.

El respeto a la protección de los menores de edad trasciende todo el texto si bien la aplicación práctica del mismo es lo que más preocupa a este jurista.

También el art. 5.1.C) se observa como otra declaración de intenciones ya que la valoración de las garantías y sus prácticas en el país de origen es de un complejo control en la práctica si bien el interés del menor en estos casos trasciende el citado control, en caso de efectiva orfandad.

Recordemos que la medida de la suspensión de la tramitación de cualquier expediente de adopción regulada asépticamente y con un plazo de un año en el art. 6.2. pudiere ser una medida traumática para quien la padeciere como adoptante al estar prolongado por tanto tiempo la tramitación de la adopción.

El capítulo tercero que regula los criterios de establecimiento del número máximo de adopciones a tramitar en los países de origen es un criterio absurdo en términos de humanidad y basado en generalidades legales y datos fácilmente interpretables como es la estabilidad política o social del país de origen. Estableciendo en art. 10.1: «La distribución del número máximo de expedientes de adopción internacional a tramitar, ya sea a través de entidad pública o mediante organismo acreditado para cada país de origen, se realizará por orden de prelación en función de la antigüedad de la fecha y hora inicial del ofrecimiento para la adopción realizado por aquellas personas con certificado de idoneidad incluidas en la relación actualizada prevista en el artículo 9.1».

Regulará la presente ley en su capítulo IV los organismos acreditados para la intermediación en la adopción internacional.

Se regulan en el art. 12 las funciones en España de estos organismos[442]. Se regulan en los art. 13 y 14 a su vez la funciones en los países de origen u la acreditación para la intermediación, así como sus obligaciones. Siendo un elenco amplio y demasiado importante para recaer en una entidad privada. Sin dudar de su eficiencia y buena fe, de su ausencia de interés lucrativo alguno se antoja una relación propia de un consulado o una embajada y no de una entidad privada, quien sin duda lo hará con todo el rigor y con la mayor de las pericias, si bien en el caso de las adopciones se extraña la presencia

---

442 Los organismos acreditados para la intermediación en adopción internacional realizarán, al menos, las siguientes funciones en España, sin perjuicio de lo establecido en la normativa autonómica vigente:
a) Garantizar que las personas que se ofrecen para la adopción cumplen los requisitos exigidos por el país de origen.
b) Intermediar entre las personas que se ofrecen para la adopción, que dispongan de certificado de idoneidad, y las autoridades del país de origen.
c) Colaborar activa y diligentemente con todos los agentes intervinientes en la adopción, con el fin de velar por que el expediente se tramite correctamente.
d) Ofrecer asistencia y asesoramiento a las personas que se ofrecen para la adopción sobre aspectos formales y materiales relativos a los trámites necesarios para la constitución de la adopción en el país de origen de la persona menor de edad.
e) Mantener informadas a las personas que se ofrecen para la adopción de todo cambio o progresión que afecte a la tramitación del expediente, sin perjuicio de responder a cualquier solicitud de información adicional.
f) Participar en el desarrollo de buenas prácticas relativas a la adopción internacional para prevenir los problemas o dificultades más frecuentes, incluidos los derivados de la adaptación tras la misma.
g) Facilitar a la Dirección General y a las entidades públicas información sobre el perfil de las personas menores de edad adoptables en los países de origen, así como sobre cualquier cambio legislativo, de procedimiento y de criterios en adopción internacional en el país de origen del cual tuvieran conocimiento.
h) Realizar la formación complementaria a la impartida por las entidades públicas, de las personas que se ofrecen para la adopción, en los términos establecidos en el artículo 6.3.b) de la Ley 54/2007, de 28 de diciembre.
i) Elaborar, en su caso, los informes de seguimiento postadoptivo sobre la evolución de la persona menor de edad y la adaptación a su nueva familia, con la periodicidad que establezca el país de origen.
j) Enviar los informes postadoptivos al órgano competente del país de origen.
k) Colaborar con las entidades públicas competentes para el ejercicio del derecho de las personas adoptadas a conocer sus orígenes biológicos.

de una agencia europea que, con los mismos criterios intervenga en aras de una política común en materia de adopción internacional.

Se observa una delegación en la comunidad autónoma para el seguimiento y control de los expedientes administrativos regulada en los artículos 25 y 26[443]. El seguimiento, no merece mención más allá de la política descentralizadora. Si bien una agencia europea con amplia autonomía se observaría más eficaz y con una profundización en los valores comunes de una ciudadanía europea plasmados en una regulación común de la institución adoptiva.

---

443 Artículo 25. Funciones de seguimiento y control.
1. Las entidades públicas que hayan acreditado a organismos de intermediación ejercerán las funciones de seguimiento y control respecto al funcionamiento general del organismo acreditado en el territorio de su comunidad autónoma, así como las relativas a la actividad que desarrollen en el país de origen. Para el desarrollo de estas últimas, se coordinarán con la Dirección General, que trasladará las solicitudes de colaboración de las entidades públicas a la Dirección General encargada de asuntos consulares del Ministerio de Asuntos Exteriores, Unión Europea y Cooperación.
2. El seguimiento y control del organismo acreditado que haya llevado a cabo la tramitación de un expediente de adopción corresponderá a las entidades públicas que hayan tramitado o estén tramitando el expediente de las personas que se ofrecen para adoptar.
Artículo 26. Comisión Técnica de Seguimiento y Control.
1. La Comisión Técnica de Seguimiento y Control, que se ha de crear en el marco de la Conferencia Sectorial de Infancia y Adolescencia, de acuerdo con lo determinado por el artículo 14 de su Reglamento de Organización y Funcionamiento, tiene la función de coordinar las actuaciones de seguimiento y control de los organismos acreditados.
2. La Comisión Técnica de Seguimiento y Control estará integrada por:
a) Una persona en representación de la Dirección General, que actuará como titular de la presidencia.
b) Una persona en representación de la Dirección General, que actuará como titular de la secretaría.
c) Una persona en representación de cada una de las entidades públicas competentes.
d) Una persona, con voz pero sin voto, en representación del Ministerio de Asuntos Exteriores, Unión Europea y Cooperación.
e) Podrán participar, con voz pero sin voto, personal funcionario de otros ministerios implicados.
3. De acuerdo con lo establecido en el citado artículo 14, se establecerán, entre otras, sus funciones, periodicidad de sus reuniones, el sistema de calidad para la valoración objetiva y continuada del servicio prestado por los organismos acreditados, el procedimiento para el desarrollo de las funciones de seguimiento y control, así como las actuaciones de los organismos acreditados para su supervisión.

Se observa una delegación del necesario control en el art. 29. *Sección segunda: Registro de Reclamaciones e Incidencias.* «La entidad pública competente para la resolución de la reclamación o incidencia será la responsable de la tramitación del expediente de adopción internacional. En caso de que ésta sea distinta a la Entidad que otorgó la acreditación al organismo afectado, la Entidad que tramitó el expediente podrá dirigirse a la que otorgó la acreditación para solicitar informe y proceder a su resolución». Si me permiten una ligereza inversamente proporcional al desatino de no tener un control centralizado citaré la obra de Averroes: تهافت التهافت! *Tahafut al-Tahafut*, traducido al latín como, *destructio destructionis* o en inglés en unos términos más acordes a lo pretendido por dicente *the incoherence of the incoherence*.

12.

CONCLUSIONES

Tras el estudio de la institución adoptiva, sus orígenes, y sus principales características principales en el orden romano de todas las épocas, así como de su posterior evolución y desarrollo hasta nuestros días nos permite concluir que:

PRIMERA

Esta institución; presente en mayor o menor manera, con una denominación u otra, ha permanecido durante toda nuestra historia reciente intermedia y antigua.

Quizás lo más innovador como primer punto conclusivo sería lo más antiguo y evidente, *adoptio naturam imitatur* lo cual nos indica que esta institución debe ser similar a la filiación biológica.

SEGUNDA

La pervivencia de aspectos concretos de la institución romana en los ordenamientos jurídicos vigentes en el derecho histórico español en la legislación del siglo XXI. La familia, en sus diversas concepciones a lo largo de la Historia, supone el principio fundamental sobre el que se ha asentado la organización social, desde el mundo antiguo hasta la actualidad. En lo referente a la filiación adoptiva, el interés progresivo que ha adquirido en los últimos tiempos, de un lado, y las constantes y continuas modificaciones que ha sufrido dicha institución a lo largo de toda su historia, la hacen una institución en continua evolución y digna de constante análisis y estudio.

TERCERA

La figura del *pater familias* romano como soberano indiscutible y máximo administrador de su grupo familiar, al menos en las primeras etapas del Derecho romano, muestra el poder exclusivo y soberano del padre de familia sobre los hijos procreados en un matrimonio legítimo o que han entrado bajo aquella por cualquiera de los medios hábiles al efecto, como la *conventio* in manu o la adopción, siendo esta omnímoda voluntad del *pater* lo que legitima la pertenencia a la familia y no la consanguinidad. En Roma la exclusiva preponderancia patriarcal queda ya reflejada en el hecho de que no se pertenece a dos familias, así GAYO reconoce la potestad paterna como algo propio de Roma y no presente en otras culturas. El sometimiento a la patria potestad del paterfamilias tenía su origen en el nacimiento en matrimonio legítimo, la *adrogatio*, la *datio in adoptionem*, y la *conventio in manum*, para la mujer. El ordenamiento jurídico romano permitía la legitimación de los hijos extramatrimoniales por la mera voluntad del *pater* para lo cual era utilizada la institución adoptiva por el padre natural; por el matrimonio del padre con la madre natural; mediante la donación de un patrimonio suficiente para que el hijo, o el esposo de la hija natural, pudiera asumir del cargo de decurión en los senados municipales, o por resolución imperial, *rescriptum principis*. Posteriormente también cabrá la posibilidad de legitimar a los hijos naturales mediante la confección de testamento en favor de éstos, siempre en ausencia de hijos legítimos, que cobrará el carácter de una verdadera legitimación en el año 470 con la constitución de LEON Y ANTEMIO del año 470 d.c. y con JUSTINIANO, quién le concederá definitivamente el derecho de sucesión.

CUARTA

La adopción fue debida a la más variada concatenación de causas: religiosas, políticas, económicas y patrimoniales, civiles, etc. Los orígenes de la adopción se observan ya antes de Roma, en Babilonia, Egipto, Grecia, indicativo de la importancia de esta institución que alcanza sus mayores cotas de desarrollo jurídico-cultural en Roma. La adopción romana garantiza la continuación del culto doméstico, de la pervivencia de la nobleza romana, atribuyéndole un marcado carácter político a la sucesión imperial. Merece destacarse que los emperadores adoptados y la edad de oro de Roma coinciden en el tiempo, siendo éstos: Trajano (98-117 D.C.), Adriano (117-138 D.C.), Antonino Pío (138-161 D.C.) y finalmente Marco Aurelio.

QUINTA

La «adoptio» en Derecho romano engloba dos modalidades: «datio in adoptionem» y «adrogatio» siendo la arrogación el más antiguo de los modos, que tenía lugar cuando un paterfamilias adopta a una persona sui iuris: a otro paterfamilias, con la consecuencia del sometimiento a la autoridad del paterfamilias al ahora *filius familias* adoptado y toda su familia, que pasarían a formar parte de la del arrogante. La *adrogatio* implica la absorción de una familia por otra, de manera que un *pater* pasa a tener la condición de *filius* en la familia del *pater arrogans*, lo que implica la extinción de un hogar y de un culto; por esta razón, esta institución cuenta con tantas garantías, siendo realizada por los «Comitia Curiata» no pudiendo arrogar las mujeres ya que la «potestas» del paterfamilias solo puede ser ejercida por un varón.

SEXTA

El criterio de la diferencia de edad ha sufrido a lo largo de la historia diversos cambios desde legislaciones que hacen una interpretación demasiado garantista y en nuestra opinión contraproducente, hasta nuestros días donde el límite fijado se observa lógico; pero lo cierto es que ya en el Imperio Romano se consideraba una auténtica aberración que el adoptado fuese de mayor edad que el adoptante. Con todo hubo casos notorios, algunos de ellos abiertamente criticados por Cicerón como la adopción de Clodio por Fonteyo —mucho menor—, aunque en este supuesto concreto tal hecho tuvo lugar exclusivamente por motivos políticos para permitir la *transitio ad plebem* del patricio Clodio y de este modo poder presentarse como candidato a tribuno de la plebe.

La arrogación era permitida cuando el adrogante tuviese una edad en la que ya no fuese lógico esperar que tuviera hijos naturales, si bien el hecho de tener hijos legítimos no era un verdadero impedimento, sí que se regulan ciertos límites al respecto, así como ciertas garantías para que no se perjudique a los que hubieren sido procreados de justas nupcias.

Con el fin de evitar recelos de índole económica un ciudadano pobre que arrogase a otro rico, como regla general habría de constituir fianza evitando así suspicacias y finalidades económicas en las adopciones, al menos teóricamente. Al igual que ocurre en las arrogaciones de los pupilos por los tutores o curadores, para las que se establecen unas garantías temporales muy apropiadas e incluso en exceso garantistas no permitiéndose que esta se produzca hasta que el que se pretenda arrogar cumpla veinticinco años, para evitar que la arrogación tenga como fin cualquier causa fraudulenta o encubridora de previa mala gestión. Por su parte para la *adrogatio* de un liberto, es necesario que medie una justa causa como pudiese ser la ausencia de hijos.

SÉPTIMA

El reflejo del patriarcado o de la hegemonía o preponderancia masculina estaba presente también en esta suerte de instituciones solo pudiendo adoptar las mujeres en caso de no tener hijos, esta novedad legislativa introducida por DIOCLECIANO se hace para consolar a las mujeres *(insolatium liberorum amissorum)* que hubiesen perdido a sus hijos.

OCTAVA

La solemnidad y cautelas o garantías jurídicas de la adrogatio comenzaban con una previa investigación sobre la conveniencia de esta. Cuando el Pontificex Maximus covocaba los comicios, mediante comunicación edictal procedía a realizar las pesquisas necesarias mediante las «rogationes» inquiría y preguntaba con el objeto de conocer la idoneidad oportunidad y arreglo a derecho de la adrogación, también era requerido el consentimiento del arrogado. A mayor abundamiento se pide la opinión del pueblo. Cumplidos estos requisitos de manera satisfactoria se promulgaría una *lex curiata* que reflejase la adrogatio. De las garantías y liturgia de la realización de este acto, podemos extraer, como ya hicimos referencia en nuestro estudio, varias conclusiones:

- El pueblo era testigo y parte implicada en la realización de la arrogación mediante la que el sujeto arrogado pasaba a ocupar la misma posición por otorgamiento del derecho y, en este caso, de manera más obvia que nunca como reflejo de la voluntad del pueblo que aquellos que hubiesen nacido en el seno de la familia arrogante.

- El formalismo de este derecho quizás fuese debido en cierta manera a la gran cantidad de atribuciones jurídicas y fácticas que implica la patria potestad que se crea por este acto de origen jurídico y voluntario. Haciendo expresa alusión, en el propio acto, al sometimiento al «ius vitae necisque» quizás como ejemplo de sumisión a un poder del que este punto es paradigma extremo.

La desaparición de la familia del arrogado para pasar a formar parte de la familia del arrogante y el sometimiento a una nueva patria potestad de una familia al completo incluidos los hijos aún por nacer —*nasciturus*—,adoptando no a un individuo o a un grupo de hermanos si no a un conjunto familiar es un aspecto sorprendente al compararlo con nuestra cultura actual, pero las implicaciones de desaparición de un culto doméstico por pasar a pertenecer a una nueva familia constituían un evento de excepcional importancia en esa época.

Las implicaciones de la absorción de la familia del arrogado por la del *pater adrogans*, eran mucho más allá de las meramente religiosas, sino que se infieren notoriamente de la conversión del arrogado en *alieni iuris*. En efecto, al dejar de tener capacidad jurídica su patrimonio se integra plenamente en la nueva familia con lo que todo ello supone, pero con la particularidad de que las deudas contraídas cuando tenía el *status* de *sui iuris* se extinguen, con el subsiguiente perjuicio para sus antiguos acreedores. Ello explicaría que, en ocasiones, se acudiera a la adrogatio in trans creditorum. Esta consecuencia de la arrogación fue corregida en época clásica legitimando a los acreedores del arrogado para exigir al *pater adrogans* el pago de las deudas contraídas por su ahora *filius*.

NOVENA

La progresiva evolución jurídico-social, junto con la imparable ascensión del cristianismo en Roma provocan que el marco jurídico de la adopción pase de una adrogatio comicial, a una otorgada «per rescriptum principis» en la que el emperador era el Pontífice Máximo. El imparable ascenso del cristianismo y su influencia moral provoca la paulatina sustitución de la concepción agnaticia de la familia por la de la familia cognaticia, careciendo del primigenio carácter político, familiar y religioso de la adrogatio, pasando a convertirse en un mero acto administrativo.

DÉCIMA

La adrogatio constituye un cambio de potestad familiar, el pasar a ser un *alieni iuris* y estar bajo la potestad de un paterfamilias desvinculándose de la familia de origen, entrando a formar parte de la familia del adoptante, con implicaciones públicas en nuestra opinión lo cual, en principio, y para la cultura jurídica de la época difería en sumo grado de una *«adoptio»*, que no tendría implicaciones públicas ya que no supone la desaparición de una familia y su culto doméstico. Para que se diese la *adoptio* era suficiente con la supervisión del magistrado o pretor, el cual no entraba a juzgar el fondo de aquel acto, ni la oportunidad de este, no como en el caso de la *adrogatio* donde se juzgaba hasta el hecho de considerarlo adecuado por parte del Colegio Pontifical. De ahí que la preeminencia e importancia de la *adrogatio* sea obvia. Los orígenes de la *adoptio* tendrían como a uno de sus ancestros al desarrollo del concepto de familia cognaticia en detrimento de la agnaticia. La simplificación procedimental es obvia y palpable, bastando con un primer acto de cesación de la originaria patria potestad (Tabla IV) para pasar a someterse a otra nueva, requiriéndose la emancipación del hijo mediante tres mancipaciones lo que era una «fictio iuris» o una formalidad teniendo en medio dos «manumisiones» intercaladas, este requisito de la triple emancipación sería necesario sólo para el hijo varón, en caso de que el descendiente fuese distinto, una «filia familias», una nieta o un nieto sería suficiente con una. Cuando el sujeto era emancipado o no estaba sujeto a la autoridad de su primer *pater*, éste era adoptado. La forma de esta adopción era una mera declaración del nuevo *pater* en la que expresaba su voluntad de que el sujeto fuese hijo suyo a la que el *pater* primigenio no se oponía, autorizándolo un magistrado, el Pretor urbano En provincias, las adopciones eran autorizadas por el Procónsul o por los magistrados municipales para ello previamente habilitados.

DECIMOPRIMERA

Las adopciones que, por contener defecto de forma no eran consideradas válidas podían ser confirmadas mediante el uso de una *confirmatio adoptionis* realizada ante el pretor, cónsul o el príncipe en época imperial, así recogido en multitud de fuentes esta confirmación jurídica a nuestro entender propia del derecho de nuestra época y en su día considerada una novedad legislativa ya tiene sus orígenes en Roma. Lo anterior nos lleva a dilucidar lo dificultoso y formalista, que el proceso adoptivo podía llegar a ser, consciente de ello, Justiniano lo simplifica en el 530, en corrigiendo y suprimiendo algunas ceremoniosas formalidades que las adopciones implicaban, prescindió totalmente de los trámites de emancipaciones- manumisiones, reduciéndolo a una declaración de voluntad de «datio in adoptionem» ante un juez para ello habilitado presente el adoptado y no habiendo oposición, se consumaba la adopción con estas meras formalidades mucho más exiguas que las anteriores.

La manifiesta contradicción del adoptado en el procedimiento era tenida en cuenta requiriéndose el asentimiento adoptivo por su parte o como mínimo la ausencia de su oposición para que se pudiera perfeccionar la adopción.

DECIMOSEGUNDA

La adopción desgaja el vínculo agnaticio del adoptado con su familia de origen a la par que crea otro nuevo por lo que puede considerarse como una institución que extingue y a la vez crea vínculos familiares como pudiera ser los naturalmente creados por el nacimiento y defunción de una persona, el vínculo creado lo une con otra familia distinta a la natural. Rompe los vínculos agnaticios con su familia de origen para pasar a formar parte de una nueva familia para someterse a una patria potestad nueva, pero con las mismas facultades que la patria potestad del padre natural. En este punto hemos de evidenciar la posibilidad de entrar a formar parte de una familia con un estatus en todo caso de «filiusfamilias», pero como hijo o como nieto, no pudiéndose en la actualidad adoptar en calidad de nietos, aspecto hoy negado y en nuestra opinión no siempre se ha argumentado esta negativa con la entidad suficiente.

DECIMOTERCERA

La recepción del cristianismo en época postclásica provoca un cambio de moral social de la época y es reflejado en el derecho y como no en la institución que nos ocupa, esta nueva concepción familiar afecta y limita la *patria potestad*, pasando la adopción como un reflejo jurídico del cambio social a ser considerada como un alivio o consuelo para matrimonios sin hijos, al igual que más tarde sería clasificada en la España de preguerra, pasando a realizar una función alejada de las antiguas concepciones y más acorde a las enseñanzas de la nueva moral cristiana y a su sentido afectivo. Justiniano convierte esta nueva institución con un afán de cubrir las necesidades sociales y familiares de la Roma de la época, creando un modelo en el cual la patria potestad del hijo adoptivo seguía estando en manos del padre natural habilitando al adoptado para ser heredero de ambas familia y protegiéndolo de abusos de emancipación del padre adoptivo mediante el cual se perdería la condición de *filiusfamilias* y por tanto también desaparecerían los posibles derechos hereditarios que ello implicase quedando en una situación económica precaria en muchos casos. Problema que es encarado por Justiniano creando dos formas de adopción la ordinaria o *minus* plena y la plena o realizada por ascendientes. Esta modificación está basada en la intención de proteger la situación del adoptado, en caso de ser este emancipado del padre adoptivo, situación por la que se veía desprovisto de la herencia de origen cognaticio o proveniente de su familia de origen y agnaticio causada por la emancipación, debido a esto, el emperador Justiniano establece que: «cuando el hijo es dado en adopción a una persona extraña, no se disuelven en modo alguno los derechos de la potestad del padre natural», desapareciendo éstos derechos si el adoptante es un abuelo o bisabuelo materno o paterno, un no extraño por lo que en caso de ser emancipado del padre primigenio tendría con su padre adoptivo dos clases de vínculos, uno legal y uno natural heredado. La intención o teleología normativa de Justiniano, en nuestra opinión tienen su origen en el refuerzo afectivo que tiene el vínculo natural cognaticio por lo que se antoja más difícil una repulsa posterior por parte de su nuevo padre, esto sucede cuando el adoptante es un ascendiente consanguíneo por línea materna o paterna del adoptado, la cual es bautizada como adopción plena. Por su parte en la adopción creada por Justiniano, también conocida como adopción menos plena, el adoptado, por lo general, permanecía en su familia natural, no asumiendo la condición de *filius familias* del adoptante, sólo adquiere derechos sucesorios al modo de lo que sucedía en la *perfiliatio* en la Edad Media, pero a diferencia de la *perfiliatio* aquí se establecían derechos sucesorios para el adoptado ab *intestato*. Este modelo de adopción que no supone una agregación a una nueva familia fue llamado adopción menos plena ya que no es más que la creación de una filiación artificial no produciéndose los amplios efectos presentes en la adrogación, es esa la razón de esta denominación.

Realzaremos por primera vez el cambio de orientación en el centro de gravedad de la institución se va desplazando hacia el interés del adoptado y su protección por primera vez presente en nuestro estudio. La ceración de este modelo adoptivo no significa la extinción absoluta del modelo previo existiendo aún un resquicio de la antigua adopción denominada adopción plena.

DECIMOCUARTA

El impedimento adoptivo de la edad es recogido en la Roma postclásica basado en el principio «adoptio naturam imitatur», lo que nos puede parecer una obviedad, algo lógico en nuestros días, no siempre estuvo presente; es más fue JUSTINIANO quien fija estos principios, los que acompañarán a la institución adoptiva hasta hoy, el adoptante, estableció el emperador, debe ser mayor que el adoptado hasta su pubertad, esto es, dieciocho años, debiendo ser siempre mayor el padre que el hijo, considerándose monstruoso lo contrario.

Otro impedimento legal no tan lógico para nosotros que estableció el emperador basandose en el principio *«adoptatio naturam imitator»* fue el dirigido a los *«castrati»* ya que estaban naturalmente impedidos para tener hijos.

DECIMOQUINTA

La institución prohibida por Diocleciano conocida por «adoptio in fratrem» no es una adopción en si misma ya que no comparte su objeto que sería la integración de un individuo a modo de *filiusfamilias* bajo la potestad del paterfamilias sino el adquirir la herencia el supérstite y vengar su muerte es más similar a la institución adoptiva visigótica regulada en el «Brevario de Alarico» que la adopción romana clásica que producía la inclusión de un extraño en la familia como hijo, lo que genera un vínculo de parentesco extensible al resto de miembros de la familia. Por su parte la ausencia de documentos que tengan por objeto la adopción y fueren celebrados en España en la citada época ha llevado a concluir por parte de muchos que tal institución no existía o no se daba en España aspecto del que abiertamente dudamos ya que la extensión y efectos de una *perfiliatio* bien podrían llegar a ser considerados una verdadera adopción si incluyen los aspectos definitorios de ésta y así es respetada por las partes contratantes.

DECIMOSEXTA

El debate doctrinal en multitud de ocasiones se ha centrado en considerar a la *perfiliatio* una adopción denostada, o calificarla según los objetivos que perseguía.

Teleológicamente quizás fuese así, pero en este punto nos atreveremos a decir que quizás fuese una adopción con libertad de cláusulas

¿Acaso no se podría adoptar un hijo, si así se deseaba, mediante esta figura? No obviaremos el hecho de que mediante la *perfiliatio* se persiguieron los más variados fines patrimoniales, la institución era comúnmente utilizada para realizar donaciones bien fuesen estas inter vivos o *mortis causa* nombrándolos herederos; el nombramiento recíproco de heredero; la creación de una comunidad de bienes y hasta un pacto de enfiteusis. Como soporte de nuestra afirmación resaltaremos el hecho de que la *Lex Romana Visigothorum* la presentase como una adopción separando el hecho de la utilización torticera o en fraude de ley que se hiciese de la figura para los más dispares fines patrimoniales o la inobservancia del fraude por las autoridades o que la forma fuese privada sin la más mínima intervención de éstas.

La influencia del cristianismo y de su dogma que propugna y enfatiza el valor de la familia cognaticia provoca que, cultural y socialmente, no sea una figura muy apreciada o utilizada con su verdadero fin.

DECIMOSÉPTIMA

La progresiva evolución de la institución adoptiva en nuestro país va paralelamente desarrollada junto con la progresiva recepción del derecho romano adaptándose progresivamente al principio «adoptio naturam imitatur».

Ya la *perfiliatio* se va desarrollando y creciendo al amparo de legislaciones como el Fuero de Soria y el Fuero Real, textos donde se va evidenciando la progresiva romanización de la institución[444].

Otro ejemplo palmario de la recepción es la prohibición de prohijar que recaía sobre los castrados al igual que Justiniano estableció en su día.

Con las Partidas, la recepción va culminando, distinguiéndose ya en estas entre dos figuras elaboradas primigeniamente en Roma, como son la adopción y la arrogación, siendo la arrogación orientada hacia aquellas personas que

---

444 Fuero de Soria CDLVI: «el rrecebimiento de fijo es semeiable ala natura». Fuero Real IV. XXII. II: «el recebimiento del fijo es semejable a la

carecen de un paterfamilias que los supervise o siendo sui iuris o él mismo un paterfamilias y mucho más formalista, debiendo mediar los expresos consentimientos de arrogante y arrogado y ser públicamente celebrada ante la autoridad del Rey[445]. Por su parte la *datio in adoptionem romana* era indicada para un no sui *iuris* o aquel que estuviese bajo la potestad del *pater* siendo solo necesario una declaración judicial y la ausencia de declaración de impedimentos, siendo claramente recibida esta justinianea institución en nuestras Partidas bajo la denominación de adopción plena y menos plena. Siendo la primera utilizada para adoptar a modo de hijo o nieto natural con idénticos derechos que sus hermanos o hijos naturales y la segunda, la adopción de un heteróclito o extraño a la familia implicaba que ese adoptado no pasase a estar bajo la potestad del adoptante al modo justinianeo.

Así las Partidas consienten en adoptar a aquel que no se halle sometido a la potestad de otro y tenga con este una diferencia de edad de al menos dieciocho años.

Al igual que acontecía en Roma y continuando con esta conclusión relativa al fenómeno de la recepción diremos que las mujeres tampoco estaban autorizadas a adoptar al igual que ocurría en la primigenia legislación y con la misma excepción que se daba en el derecho justinianeo y era que hubiesen perdido a sus hijos al servicio del Rey en este caso, asimilable al hacerlo en servicio del Imperio.

DECIMOCTAVA

En nuestra decimoctava conclusión haremos alusión a la normativa inglesa como contraposición a la institución adoptiva de raigambre latina.

La adopción que tiene lugar en el Reino Unido o puntualizando y acotando nuestro estudio en Inglaterra no posee un cuerpo contractual como pudiese ser esperado en su cultura jurídica, por el contrario, adquiere una forma judicial que es constituida por sentencia del juez competente.

---

445 La regulación por el código alfonsino de la adrogatio en total discordancia con el derecho consuetudinario en el que solo se contemplaba la familia cognaticia, representa en orden a la adopción una recepción inútil y absurda del Derecho Romano, Amplia bibliografía en lo respectivo a las críticas de la inclusión de la adrogatio en RODRÍGUEZ ENNES, L. *Bases jurídico-culturales*, cit., p. 149 y sobre todo en las nts. 458 y 459.

Otro aspecto que nos sorprende de la legislación inglesa de 1958 es el hecho de que el adoptado deja de pertenecer a su familia de origen rompiendo los vínculos con ésta y estableciendo una relación completamente nueva en palabras de la propia Adoption Act: «as in the infant were a child born to the adopter in lawful wedlock», como si el menor naciese en el seno del matrimonio y estando investido de los mismos derechos hereditarios que un hijo legítimo. Por su parte sus homónimas continentales no rompen con los vínculos filiales del adoptado ni con su familia natural y solo establecen relaciones entre el adoptante y el adoptado fruto de su naturaleza contractual en la mayoría de las legislaciones y no judicial como en la avanzada legislación inglesa en la que tal figura si bien no presente en su historia jurídica es abordada y legislada, tras los dos previos experimentos legislativos, con absoluta brillantez en este último.

DECIMONOVENA

La referencia en este estudio a la legislación uruguaya quizás pueda parecer algo, cuando menos sorpresivo más tal inclusión queda absolutamente justificada al observar lo avanzado de esta regulación de la que cabría decir que sería equiparable a las avanzadas legislaciones occidentales referidas a la adopción. Desde que los romanos regularon esta institución la regulación más avanzada hasta la de nuestros días la que consideramos francamente desarrollada y positiva tanto en el aspecto patrio como en el internacional es la legislación uruguaya que merece ser resaltada como una excepción merecedora de mención adelantándose aproximadamente unos cuarenta años a las ahora desarrolladas legislaciones europeas apreciando los beneficios de tal institución ya en su época y no viéndola como el resto del mundo como un remedio para aquellas familias que no pueden tener hijos de manera natural, estando ya en su época en el centro de gravedad de tal legislación la protección del menor, como muestra irrefutable de lo anterior la desaparición ya mencionada en nuestro análisis de cualquier referencia registral en la partida de nacimiento del hecho adoptivo para proteger en palabras de la propia ley el desarrollo psicológico del menor, término muy habitual hoy en día sin embargo. Desafortunadamente, no tan presente en el resto de las legislaciones como en el de la uruguaya.

VIGÉSIMA

La adopción cual ave fénix renace de sus cenizas, pero iremos más allá reconociendo la adaptabilidad de esta institución a diversas culturas y momentos modificándose y torsionándose hasta pasar a ser una institución casi irreconocible en la *perfiliatio*. Por su parte el centro de gravedad de la misma también ha variado adaptándose a los tiempos que le ha tocado en suerte vivir incorporándose a la cultura y sufriendo en sus propias carnes los cambios que las ideas religiosas o políticas en ella han producido siendo en nuestra opinión dos influencias fundamentales la primera es la del cristianismo que cambia el concepto agnaticio de la familia romana a uno cognaticio y la segunda serían las dos abominables postguerras sufridas en el viejo continente lo que acaba de decantar el primigenio concepto de adopción-adrogación en donde el *pater* era el sujeto digno de protección jurídica o mejor dicho a quien la ley protegía o primaba en esta figura hasta una adopción más humana donde el sujeto protegido es el adoptado, junto con su desarrollo personal.

La historia de la adopción es como la historia de algunos ríos que está bajo la superficie para acabar renaciendo con fuerza. Reapareciendo en textos decimonónicos de manera exigua, aunque reclamada por grandes figuras de la época como Bonaparte en Francia con gran vehemencia fue reapareciendo en los códigos europeos con cautela y siendo apenas regulada y nombrada en muchos de ellos.

En España aparece en el proyecto de Código Civil de 1851, en el cual apenas es regulada y mirada con recelo por viejos prejuicios derivado de una mala interpretación de la institución como legitimadora de hijos extramatrimoniales o ilegítimos sin ir más allá, ni profundizar en las bondades de una institución que sí que se empieza a ver modificada con los subsiguientes textos legislativos de 24 de abril de 1958, con el de 4 de julio de 1970, el de 13 de mayo y el 7 de julio de 1981, junto con los de 24 de octubre de 1983 hasta llegar al vigente de 11 de noviembre de 1987, en los que la institución ya está plenamente recuperada dándose en las décadas posteriores un auge sin parangón en la institución adoptiva y sobre todo en su vertiente internacional. Este último texto legal si bien criticable como cualquier otro y siempre mejorable junto con las reformas incluidas por la LO 1/1996, de 15 de enero, de Protección al menor, sí que merece una loa, al menos desde el punto de vista histórico que nos ha ofrecido este estudio ocupándose de la figura del adoptado como centro de la institución adoptiva y figura a proteger sobre cualquier otra, no hace tantos años, o lo que es lo mismo hasta esta última reforma, se regulaba en nuestro país los que para mí sigue siendo una abominación como es la regulación menos plena estableciendo nuestro derecho que la norma interna básica sea una modalidad única incluso en cuanto al reconocimiento de la legislación extranjera una modalidad plena en la que el menor es el protagonista absoluto de las preocupaciones del legislador que se refleja en un sistema garantista que solo merece la crítica general de la administración que el la lentitud del proceso y la no siempre deseada intervención de agentes o instituciones en un proceso que debiera ser eminentemente público más si el resultado de su intervención se hace preciso y bueno en una adopción internacional nos desdeciremos de la crítica vertida en todas las ocasiones que un padre o una madre puedan encontrar en esta institución lo que la naturaleza por más que lo deseasen les había negado.

Un aspecto que no debemos olvidar es lo influenciable o lo que la situación geopolítica afecta a una institución que a priori no parece estarlo. En las actuales circunstancias y desde 2013 en nuestro país no se puede adoptar a un menor de nacionalidad rusa en aplicación de su legislación ya que el hecho de que se permita el matrimonio homosexual en España ha hecho que las autoridades rusas no vean un destino adecuado en el mismo a los niños que están en situación de ser adoptados en Rusia con la consiguiente indefensión de los que se encontraban inmersos en tal proceso, si bien no es el medio adecuado sí que me parece acertado finalizar mi estudio con la denuncia de una situación que parece propia de la Roma arcaica y sus *ius vitae necisque* y no de una civilización desarrollada y un parlamento.

La geopolítica y las plausibles situaciones de inestabilidad de ciertos países afectan sin medida a la institución adoptiva, el COVID, los conflictos armados y los cambios legislativos cercenan en ocasiones las legítimas aspiraciones de muchos adoptantes.

VIGÉSIMO PRIMERA

La creación de una agencia europea de adopción que armonizase criterios y eliminase la figura tan compleja de las entidades colaboradoras sería una cuestión muy controvertida pero beneficiosa. El avance en una política común en detrimento de los localismos exacerbados evita que una excesiva reglamentación pudiera ir en detrimento del centro de toda esta institución que es el legítimo interés del menor en una plasmación fundamental y humana, como la institución adoptiva, me gustaría citar a Tácito para finalizar, pero no quisiera terminar esta obra hiriendo sensibilidades, lo dejo a la inteligencia del lector.

13.

BIBLIOGRAFÍA

ALBANESE, B., *La successione ereditaria in diritto romano antico*, (Palermo, 1949).

ALBALADEJO, M., *Curso de Derecho Civil IV, Derecho de Familia*, (Madrid, 2006).

ALBERTARIO, E., «In tema di adozione romana», en *Studi in memoria di Umberto Ratti*, (Milán, 1934).

— *Id.*, «La donna adottante», en AG XXVIII, (Bolonia, 1934).

— *Id.*, *Studi de diritto romano* I (Milán, 1933) II (1941) III (1936) IV (1946) V (1947) VI (1953).

ALBURQUERQUE, J.M., *La prestación de alimentos en el Derecho Romano y su proyección en el Derecho actual*, (Madrid, 2010).

— *Id.*, «Obligación de alimentos entre hermanos», en *RGDR*, www.iustel.com, n.º 12, junio 2009.

— *Id.*, «Realidad social o jurídica de la prestación de alimentos entre cónyuges», en *RGDR*, n.º 11, diciembre 2008.

— *Id.*, «De la justicia y la reciprocidad en situaciones de necesidad y dependencia: el reconocimiento y la inclusión jurídico-social de la madre en el cumplimiento de la obligación de alimentos respecto a los hijos», en *RGDR*, n.º 10, junio 2008.

— *Id.*, «Aspectos de la prestación de alimentos en derecho romano: especial referencia a la reciprocidad entre padre e hijo, ascendientes y descendientes», en *RJUAM*, n.º 15 (2007).

— *Id.* «Datos sobre la prestación de alimentos en derecho romano: ascendientes y descendientes», en *RGDR*, n.º 9, diciembre 2007.

— *Id.* «Alcance de la prestación de alimentos en derecho romano», en *RJUAM*, (Madrid, 2006).

— *Id.*, «Notas sobre la continuidad histórica de la expresión romana "iurisdictio voluntaria" desde Marciano, D.1.16.2 pr. -I-, hasta la actualidad: breve comentario del Anteproyecto de Ley de Jurisdicción Voluntaria (octubre 2005). Algunos matices en tema de transacción y derecho de alimentos», en *AFDU*, (A Coruña, 2006)

— *Id.*, «Algunos principios ya existentes en el proceso romano denominados con criterios modernos y claves actuales. (Denominación moderna: principios de oralidad, publicidad, concentración, inmediación, aportación de parte o preclusión). Recensión a la obra de Antonio Fernández de Buján, Derecho Público Romano. Recepción, Jurisdicción y Arbitraje», *RGDR*, n.º 5, diciembre 2005.

— *Id.*, «Perspectivas procesales romanas, conexiones actuales, y nomenclatura moderna de algunos principios procesales. Especial referencia al fundamento histórico y actual de la pareja nominal iurisdictio voluntaria», en *RGDP* http://www.iustel.com, n.º 8, febrero 2006.

— *Id.*, «Deber legal u obligación moral originaria: generalidades introductorias sobre la prestación de alimentos en Derecho Romano», *RGDR*, n.º 5, Madrid, 2005;

— *Id.*, «Aproximación a la perspectiva jurisprudencial sobre el contenido de alimentos derivada de una relación de parentesco», en *AFDUC*, n.º 9, (A Coruña, 2005).

— *Id.*, «Alimentos entre parientes (II): Alimenta et victus. Puntualizaciones breves sobre la transacción en el marco de los posibles procedimientos (expedientes) de jurisdicción voluntaria», en *RGDR*, n.º 4, junio 2005.

— *Id.*, «La prestación de alimentos en Derecho Romano: Ascendientes y descendientes», en *RJUAM*, (Madrid, 2007).

— *Id.*, «Alimentos entre parientes: Notas, conjeturas e indicios previos a la Regulación de Antonino Pio y Marco Aurelio», en *RGDR*, n.º 6, junio 2006;

— *Id.*, «Alimentos y provisiones: Observaciones y casuística en tema de legados (D. 34,1 y D. 33,9)», en *RDUNED* n.º 2, 2007.

— *Id.*, «La administración provincial, colonial, municipal y la justicia en la Hispania romana (1): especial referencia a la Bética romana, capital Corduba y los magistrados municipales y órganos con iurisdictio según la Lex Irnitana», en *RGDR*, n.º 7, diciembre 2006.

ALEMÁN MONTERREAL, A. M.ª, «Los derechos sucesorios del hijo adoptado», en *El Derecho de Familia. De Roma al Derecho actual*, LÓPEZ ROSA, R., Y DEL PINO TOSCANO, F., (Huelva, 2004).

ALONSO CRESPO, E., *Adopción Nacional e Internacional: Panorámica procesal sustantiva, incluida la intervención de los padres biológicos*, (Madrid, 2004).

AMORÓS, P., Y PALACIOS, J., *Acogimiento familiar*, (Madrid, 2004).

ANCEL, M., *L'adoption dans les legislations modernes,* (París, 1958).

— *Id.*, *L'adoption en droit comparé,* (París, 1943).

— *Id.*, *La fonction social de l'adoption,* (París, 1953).

ARANGIO RUIZ, V., *Instituzioni de deritto romano,* (Nápoles, 1952).

— *Id.*, *La societá in Diritto romano.* (Nápoles, 1950).

— *Id.*, *Historia del Derecho Romano* (Trad. Francisco de Pelsmaeker e Iváñez), (Madrid, 1943).

BACHOFEN, J.J., *Ausgewälte Lehren,* (Bonn, 1848).

— *Id.*, *Das mutterrecht. Eine Untersuschung über die Gynaikokratie der altem welt nach ihrer religiosen und Natur,* (Stuttgart, 1861).

BARBATI, M., *La rilevanza del consensus dell'adottando nell'adrogatio e nell'adoptio*, (Roma, 2000).

BERGMAN, C. G., *Beiträge zum römischen adoptionsrecht, Edizione anastatica, Studia Juridica* LXXX, (Roma, 1972).

BESTA, E., *La familia nella Storia del Diritto italiano.* (Milán, 1962).

BIONDI, B., *Il Diritto romano,* (Bolonia, 1957).

BLANCH NOUGUÉS, J.M., «La filiación en el pensamiento jurídico romano: ueritati locum superfore», en *RGDR* www.iustel. com, n.° 3, diciembre 2004.

— *Id.*, *El dictamen de un antiguo jurisconsulto (Consultatio veteris cuiusdam iurisconsulti) (En defensa de la mujer casada)*, (Madrid, 1999).

BONFANTE, P., *Scritti giuridici vari.* IV, (Roma, 1925).

— *Id.*, *Corso di diritto romano,* vol. I, «Diritto di famiglia», (Milán, 1963).

— *Id.*, *Corso di diritto romano*, Vol. II, «La proprietà», Parte I, (Milán, 1966).

BRAGA DA CRUZ, G., «Algunas consideraçöes sobre a "perfiliatio"», en *BFDC*, (Coimbra, 1938).

BUCKLAND, W., *A Textbook of Roman Law from Augustus to Justiniam*, (Cambridge, 2007).

CARBONNIER: *Droit Civil*, (París, 1960).

— *Id.*, *Derecho civil*, T.I, vol. II. *Situaciones familiares y cuasi-familiares*, (Barcelona,1961).

CASSINELLO Y CASSINELLO, J., *Historia de la Patria Potestad en el Derecho Romano, con indicación de las fuentes para el estudio de esta institución en sus diversas épocas*, (Madrid, 1873).

CASTÁN TOBEÑAS, J. *Derecho civil español, común y foral,* T. V. *Derecho de familia*, vol. II, *Relaciones paternofiliales* (Madrid, 2005).

CASTÁN VÁZQUEZ, J. M.ª, *La patria potestad*, (Madrid, 1960).

CASTELLO, C., *Sull'età dell'adottante e dell'adottato in diritto romano*, (Milán,1968).

CLARKE W., MORRISON A. C. L., GOODMAN L., BANWELL L. G., RAE NICOL J. *Clarke Hall and Morrison's law relating to children and young persons*, (Londres, 1956).

COMERCI, G., *Ex amore adoptio*, (Roma, 2007).

COSENTINI, C., *Per la storia dell'adrogatio libertorum*, (Napoles, 1948).

COSTA, J., *La libertad civil y el congreso de jurisconsultos aragoneses*, (Madrid, 1883).

CRUVEILHIER, P. *Le lévirat chez les Hebreux et les Assyrieus. Revue Biblique,* París, 1925).

— *Id.*, *Comentaire du Code d'Hammourabi,* (París, 1938).

DALLA, D., *Praemium emancipationis*, (Milán, 1983).

DE CUPIS, A. *Il derette de la personalitá* I (Roma, 1947).

DE FRANCISCI, P., *Arcana Imperii* I (Roma, 1947).

— *Id.*, *Síntesis Histórica del Derecho Romano*, (Madrid, 1954).

DE MARTINO, F., «Famiglia. Diritto romano» en AZARA, A., Y EULA, E., (DIR.), *NNDI*, (Turín, 1957).

— *Id.*, *Commentario teorico pratico al Codice civile L I Delle persone e della familia, Filiazione. Adozione, Adozione Speciale,* (Roma, 1972).

DÍAZ-MELIÁN DE HANISH, M.V., «La adopción. Evolución histórica. Los efectos en Roma», en LÓPEZ ROSA, R., Y DEL PINO TOSCANO, F., *El Derecho de Familia de Roma al derecho actual*, (Huelva, 2004).

DICENTA MORENO, T., «La transmisión del nomen familiae», en LÓPEZ ROSA, R., Y DEL PINO TOSCANO, F., *El Derecho de Familia de Roma al derecho actual*, (Huelva, 2004).

DÍEZ-PICAZO, L., Y GULLÓN, A., *Sistema de Derecho Civil, Vol. IV*, (Madrid,2004).

D'IPOLITO, F., *Forme giuridiche di Roma arcaica*, (Napoles, 1996).

D'ORS, A., *Epigrafía jurídica de la España Romana*, (Madrid, 1953).

— *Id.*, *Introducción al estudio del Derecho*, (Pamplona, 1962).

— *Id.*, *Derecho privado romano*, (Pamplona, 1968).

— *Id.*, *Derecho privado romano*, (Pamplona, 1973).

— *Id.*, «La ley Flavia municipal» (Texto y comentario), Roma, 1986.

ENNECERUS-KIPP-WOLF, *Tratado de Derecho civil. Derecho de familia*, vol. 1 *El matrimonio* trad. por B. PÉREZ GONZÁLEZ Y J. CASTÁN TOBEÑAS con la colaboración de J. ALGUER, (Barcelona, 1942).

ESCRICHE, J., *Diccionario razonado de la legislación y jurisprudencia*, T. I, (Madrid, 1874).

FALCÓN, M., *Código Civil español*, T. I, (Madrid, 1888).

— *Id.*, *Exposición doctrinal del Derecho civil español, común y foral*, T. I, (Barcelona, 1897).

FELIU REY, M.I., *Comentarios a la Ley de Adopción*, (Madrid, 1989).

— *Id.*, «El artículo 179 del Código Civil como manifestación de los principios de protección al menor y "adoptio imitatur naturam"», en *La Ley: Revista jurídica española de doctrina, jurisprudencia y bibliografía*, (1989), n.° 2.

FERNÁNDEZ BAQUERO, M. E., «La familia en Roma: entre los "mores maiorum" y la norma escrita», en LÓPEZ ROSA, R., Y DEL PINO TOSCANO, F., (EDS.), *El Derecho de Familia y los Derechos Reales en la romanística española 1940-2000*. (Huelva, 2004).

FERNÁNDEZ DE BUJÁN, A., *Derecho Público Romano*, (Madrid, 2010).

— *Id.*, *Derecho Privado Romano*, Tercera edición, (Madrid, 2010).

— *Id.*, *Hacia una teoría general de la Jurisdicción Voluntaria* II, (Madrid, 2008).

— *Id.*, «La hora de la Jurisdicción Voluntaria». *Estudios Homenaje a Rodríguez Mourullo*, (Madrid, 2005).

— *Id.*, «La reforma legislativa de la jurisdicción voluntaria: reflexiones de presente y perspectivas de futuro», *Derecho de los Negocios*, n.º 163, 2004, pp. 5- 15.

— *Id.*, «Jurisdicción Voluntaria: Historia (I), Problemas (II), Interrogantes (III) ySoluciones (IV)», Tribuna Pública, Mercados, Voz de Galicia, 12-09; 17- 09; 26-09; 3-10-2004.

— *Id.*, «Contribución al estudio histórico del arbitraje», en *RJUAM*, número 8, *Homenaje a D. Aurelio Menéndez*, (Madrid 2003).

— *Id.*, «De los arbitria bonae fides pretorios a los iudicia bonae fidei civiles», *Convegno internazionale de studi in onore del profesor Alberto Burdese*, vol. 2. (Padua, 2003).

— *Id.*, «Testigos y documentos en la práctica negocial y judicial romana», en *Ivra*, *Rivista Internazionale di Diritto Romano e Antico*, vol. 54, 2003.

— Id., «La Jurisdicción Voluntaria: una reforma legislativa pendiente», *EstudiosJurídicos, Ministerio de Justicia*, vol. IV, 2002, pp. 537-606.

— *Id.*, «Noción de iurisdictio y etapas. Jurisdicción contenciosa y jurisdicción voluntaria», en *Bases de Conocimiento Jurídico, Derecho Romano*, http://www.iustel. com, PortalDerecho, 2002.

— *Id.*, «Arbitraje», en *Bases de Conocimiento Jurídico, Derecho Romano*, http://www.iustel.com, Portal Derecho, 2002.

— *Id.*, «Los principios informadores de la jurisdicción voluntaria: una propuesta de futuro», *Anuario de Derecho de la U.A.M.*, vol. 3, 2001, pp. 89-149.

— *Id.*, «Jurisdicción Voluntaria: naturaleza jurídica y diferencias de procedimiento con la jurisdicción contenciosa», *Actualidad Civil*, n.º 36, 2001, pp. 1277-1306 y n.º 37, pp. 1317-1341.

— *Id.*, El *filius familias* independiente en Roma y en el derecho español, Ed. Universidad Autónoma de Madrid, Madrid 1984.

FERNÁNDEZ DE BUJÁN, F., «Ius naturale. Fundamenti di diritto europeo», en *Lezioni I. Quaderni di Archivio Giuridico I. Occassione dei 140 anni della Rivista*,2008.

— *Id.*, «Un apunte sobre el concepto del derecho en relación con la ley», en *RevistaGeneral de Derecho Romano (RGDR)* www.iustel.com, n.° 11, (Madrid, 2008).

— *Id.*, «La protección a la vida y el derecho», en *RGDR*, n.° 10, (Madrid, 2008).

FERNANDEZ-MARTÍN GRANIZO, M. *La adopción.* (Madrid, 1971).

FERRARA, F. *Trattato di DIritto civile,* vol. 1, (Roma, 1920).

FERRINI, C. *Manuale di Pandette,* 4. cd. revisada por GROSSO, (Milán, 1953).

FUMAGALLI, C., *Il diritto di fraterna da Acursio alla codificazione,* (Turín, 1912).

FURLANI, J. «Alcune considerazione sull'adozione nelle legi di Hammurabi», *en Studi Bonfante*, III, p. 71.

FUSTEL DE COULANGES, N.D. *La cité antique,* (París 1903).

GAMBÓN ALIX, G., *La adopción*, (Barcelona, 1960).

GARCÍA GARRIDO, M.J., *Derecho Privado Romano*, (Madrid, 1989).

— *Id.*, «Jurisprudencia romana y actualidad de los estudios romanísticos», en *BFDC*, XL, 1964.

GARCÍA GÉRBOLES, L., *La protección procesal del minor viginti quinque annis en Derecho Romano*, (Madrid, 2008).

GARCÍA-GAYO, A. *Manual de Historia del Derecho español,* 1, *El Origen y Evolución del Derecho,* 5. ed. revisada, (Madrid, 1973).

GATTOLA, E. *Ad historiam abbatiae cassinensis accesiones*, pars prima, (Venecia, 1734).

GAUDEMET, J., «Formes et fonctions de l'adoption dans le monde Antique», en *Estudios de Derecho Privado y Penal romano, feudal y burgués, Orlandis 70*, (Barcelona, 1988).

— *Id.*, *Institutions de l'antiquité,* (París, 1967).

GIRARD, P. F. *Manuel élémentaire de droit romain,* 8. cd. revisada por Senn, (París, 1929).

GIL MARTÍNEZ, A., *La reforma de la adopción, Ley 21/1987, Comentarios*, (Madrid, 1991).

GLASSON, E. D., *Histoire du Droit et des institutioizs de la France,* T. III, (París, 1889).

GOGUEY, A., *Les reconnaissances et legitimations de complaisance,* (París, 1959).

GÓMEZ DE LA SERNA, P. *Introducción histórica al estudio del Derecho romano,* (Madrid, 1847).

GÓMEZ DE LA SERNA, P. Y MONTALBÁN, J.M., *Elementos de derecho civil y penal de España,* 14. ed., II, (Madrid, 1886).

GÓMEZ RUIZ, C., «Adopción. Disolución del Matrimonio», en *Base de conocimiento Jurídico. Derecho Romano*, http://www.iustel.com, Portal Derecho,2001-2006.

GONNET, P., *L'ado'ption lyonnaise des orphelins legitimes,* (París, 1935).

GONZÁLEZ POVEDA, B., *La Jurisdicción Voluntaria. Doctrina y formularios*, (Madrid, 1997).

GUALANDI, G., «"Tollere liberos" in un passo di Petronio», en *RISG*, 1952-53, VI, p. 412.

GUALAZZINI, U., «Adozione. Diritto intermedio», *NNDI*, 1.

GUARINO, A., *Dirltto privato romano*, 4. cd., (Nápoles, 1970).

GUTTERIDGE, H.C., *El Derecho Comparado. Introducción al método comparativo en la investigación y en el estudio del Derecho,* trad. de JARDI, (Barcelona, 1954).

GUTIÉRREZ, B., *Códigos o estudios fundamentales del Derecho civil español,* T. 1, (Madrid, 1874).

HARTLAND, E. S., *Primitivy Paternity. The Mith. of Supernatural Birth in relation to the History of the Family,* 2 vols., (Londres, 1909-1910).

HERNÁNDEZ DE LA RÚA, V., *Lecciones de Derecho español,* T. 1, (Madrid, 1838).

HERRERA CAMPOS, R., «La filiación», en Francisco Javier SÁNCHEZ CALERO (Coord.), *Curso de Derecho Civil IV. Derechos de Familia y Sucesiones*, (Valencia, 2004).

HINOJOSA, E., «La fraternidad artificial en España», *RABM,* 3.ª época, XIII, (Madrid, 1905).

HUBER, E., *System und Gesclzichte des schweizerischen Privatrechts,* T. I, (Basilea, 1886).

HUBERT, H., *Los Celtas desde la época de la Téne y la civilización céltica,* trad. al español por Luis PERICOT GARCÍA y Eduardo RIDOU PERELLÓ, (México, 1957).

HUBNER, R., *Grundzüge des deutschen Privatrechts,* 5. ed., (Lipsia, 1930).

HUC, T., *Commentaire théorique et practique au Cycle Cimi,* T. III, (París, 1892).

IGLESIAS, J., *Instituciones cte Derecho privado romano,* 6. ed., (Barcelona, 1972).

JORS, P. Y KUNKEL, W. *DeRecho privado romano,* trad. de L. PRIETO CASTRO, (Barcelona, 1937).

JOVELLANOS, G. M., *Discurso de recepción en la Academia de la Historia,* Madrid, 1787, *Obras escogidas,* (Paris, 1887).

JOWITT, W. A. Y WALSR, C., *The Dictionary, of English Law,* (Londres, 1965).

KARLOWA, O., *Römische Rechtsgeschichte,* 1, (Lipsia, 1885) II (1901).

KASER, M.,*La famiglia romana arcaica. Conferenze romanistiche,* (Trieste, 1950).

KOSCIAKER, P., *Europa y el Derecho romano,* (Madrid, 1955).

KÜBLER, W., «Gens», *PW*, VII. (1874-1879).

KURYŁOWICZ, M., *Die AdoptioN im klassischen römischen recht*, Studia (Antiqua, Varsovia, 1981).

LACRUZ BERDEJO, J.L., Y OTROS, *El nuevo régimen de la familia. IV. Acogimiento y adopción*, (Madrid, 1989).

LARA-SAEZ, L., «La "adrogatio impuberis"», *Bol. Mex. D. Comp.*, 1968.

LATORRE, A., *Introducción al Derecho*, (Barcelona, 1968).

LEAUTE, L., *Les éclipses et les renajesances D'institutions en Droit civil Francais.* (París, 1949).

LEAVY, M. L., *Law of adoption simplifies*, (Nueva York, 1948).

LEHMANN, H., *Derecho de familia*, trad. de la 2. ed. alem. por NAVAS, (Madrid, 1953).

LEICHT, P. S., *Storia del Diritto italiano: ji dirilto privatto*, T. II, (Milán, 1943).

LEMOSSE, M., «L'adoption d'Octave et ses rapports avec les règles traditionnelles du droit civil», en *Studi in onore di Emilio Albertario* I, 1953.

LEPOINTE, M. G., *Les successions daNs l'ancien droit*, (París, 1939).

LETE DEL RÍO, J.M., «Personas que pueden adoptar y ser adoptadas», en *Estudios de Derecho Civil en Homenaje al Profesor Dr. José Luis Lacruz Berdejo*, Vol I., 1992.

LETORNEAU, J. *L'evolution du mariage et de la lamine*, (París, 1888).

LEVY-BRUHL, H., «Le consortium artificiel du nouveau Gaius», en *Atti del IV Congr. Int. di papirologia*, (Florencia, 1935).

LOBRANO, G., *Pater et filius eadem persona. Per lo Studio della patria potestas*, (Milán, 1984).

LONGO, G. *Diritto romano*, III, *Diritto di famiglia*, (Roma, 1940) (2.a ed., 1953).

LUZZATO, G., *Le organizazione preciviche e lo stato,* (Módena, 1948).

MADRUGA-MÉNDEZ, J., «La adopción», *ADC.* (1963).

MARMIER, J. P., *L'adoption,* (París, 1969).

— *Id.*, *Sociologie de l'adoption. Elude de sociotogie juridique,* (París, 1969).

MARONGIU, *La famiglia nell'Italia meridionale (Sec. VI1-XI1I),* (Milán, 1944).

— *Id.*, *L'affratellamiento come negozio giuriáico, Studi Solmi* II, (Milán, 1941).

MAYNZ, K., Curso *de Derecho romano precedido de una introducción que contiene la Historia de la legislación y de las instituciones políticas de Roma,* trad. de A. S. POU Y ORDINAS, 3 vois., (Barcelona, 1887-1888).

MAZZARELLA, S., *Gli elementi irreduttibili dei sistemi giuridici,* I,(-Catania,1919).

MEREA, P., «Sinopse histórica da adopçao», *BFDC,* XXXII, (1956).

— *Id.*, «Sobre a adopçao, no seculo XII», *BFDC,* XXXI, (1955).

MESSINEO, F., *Manuale di Diritto civile e Commerciale,* 8. ed. (Milán, 1950), vol. II.

MEYER, E., *Forschungen Zur alten Geschichte,* II, (Stuttgart, 1899).

MIGLIORINI, M., *L'adozione tra prassi documentale e legislazione imperiale nel diritto del tardo imperio romano,* (Milán, 2001).

MITTEIS, L., *Arch. f. Papyrusforschung,* III, (1904), p. 176.

— *Id.*, *Römisches Privatrecht bis auf die zeit Diokletians,* 1, Leipzig, 1908.

— *Id.*, *Grundzüge und Chrestomathie der Papyruskunde,* por L. MITTEIS Y U. WILCKEN II, *(Jurist, Teil),* 1 *(Grundzuge)* por L. MITTEIS, (Leipzig, 1912).

MIQUEL, J., *Instituciones de Derecho Privado Romano*, (Barcelona, 1986).

— *Id.*, *Curso de Derecho Romano*, (Barcelona, 1987).

MITTELMANN, J. M. *Der Israelitische Levirat,* (Leiden, 1939).

MOMIGLIANO, A., Y SCHIAVONE, A., *Storia di Roma*, IV, (Torino, 1989).

MOMMSEN, T., *Compendio de Derecho público romano,* trad. del alemán por P. DORADO, Madrid, s. f.

— *Id.*, *Römisches Staatsrecht,* 1, II (Leipzig, 1887) III (1888) (reimpresión, Tubinga, 1952).

MONIER, R., «A propos del adoptio plena du droit de Justinien», en *Studi in memoria di Aldo Albertoni*, 1935.

MORATO, D., *El Derecho civil español,* I, (Valladolid, 1877).

MORDECHAI RABELLO, A., *Effetti personali della «patria potestas».* *Dalle origini al periodo degli Antonini*, (Milán, 1979).

MORENO FLOREZ, R. M., *Acto Constitutivo de la adopción*, (Madrid, 1985).

MORENO QUESADA, B., «La tutela de los hijos adoptivos», en *ADC*, (Madrid, 1965).

MORGAN, L. H. *Ancient Society,* (Londres, 1877).

MOURLON, F., *Repetitions écrites sur le Code Civil,* T. I, (París, 1877).

MUCIUS-SCAEVOLA, *Código civil comentado y concordado, 5.* ed., (Madrid, 1942).

MURGA, J.L. *Donaciones y testamentos «in bonum anime» en el Derecho romano tardío,* (Pamplona, 1968).

— *Id.*, El testamento en favor de Cristo y de los Santos en el derecho romano postclásico y justiniareo, en *AHDE,* (Madrd, 1965).

— *Id.*, «Las prácticas consuetudinarias en torno al "bonum animae" en el Derecho romano tardío», en *SDHI,* XXIV, (1963).

— *Id.*, «Los negocios "pietatis causa" en las constituciones imperiales postclásicas», en *AHDE*, (Madrid, 1967).

— *Id.*, «La venta de las res divini iuris en el Derecho romano tardío», en *Revista general de legislación y jurisprudencia* (Santiago de Compostela, 1971).

NALLINO, U. *In torno al divieto romano imperiale defl'affratellamento e di alcuni parallelli Arabí.* Studi Riccobono II, p. 319.

— *Id.*, *Raccolta di scritti editi e inediti,* IV, (Roma, 1942).

— *Id.*, *Sul libro siro-romano e sul presunto diritto siriaco, Studi Bonfante,* 1, *pp.* 224-225.

NICCOLAI, S., *La formazione del diritto successorio negli statuti communali del territorio lombardo-tosco,* (Milán, 1940).

OLIVER SOLA, M.C., *Tres modelos de reinserción familiar*, (Madrid, 1991).

OTERO VALERA, A., «La Adopción en la Historia del Derecho Español», en *Dos Estudios Histórico-Jurídicos, Cuadernos del Instituto Jurídico Español,* Consejo Superior de Investigaciones Científicas, Delegación de Roma, (Roma-Madrid, 1955).

PACIFICI-MANZONI, E., *Istituzioni di diritto civile,* VII, (Florencia, 1919).

PAOLI, U. E., «Diritto attlco e diritto greco», *Scritti Ferrini,* p. 585.

— *Id.*, *Iseo. Per l'ereditá di Pirro,* (Florencia, 1935).

— *Id.*, «La anchisteia nel diritto succesorio attico», *SDHI,* 1 (1936), pp. 155 y ss.

PAPPENHEIM, M., «Ueber küenstliche Verwandtschaft», en *ZRG,* 29, pp. 308 y ss.

PENDÓN MELÉNDEZ, E., «Cuestiones sobre la adoptio minus plena», en Ramón LÓPEZ-ROSA y Felipe DEL PINO TOSCANO (Eds.), *El Derecho de familia. De Roma al derecho actual,* (Huelva, 2004).

PÉREZ ÁLVAREZ, M.A., *La nueva adopción,* (Madrid, 1989).

PÉREZ MARTÍN, A.J., *Derecho de Familia. Adopción, Acogimiento, Tutela y otras instituciones de protección de menores*, (Valladolid, 1998).

PEROZZI, S., *Istituzioni di diritto romano*, 2 vois., (Florencia, 1928).

— *Id.*, *Scrltti giurdici*, 3 vols., (Milán, 1948).

— *Id.*, «Tollere Liberum», en *Studi Onore V. Simoncelli*, (Napoles, 1915).

PIÑAR LÓPEZ, B., *La adopción y sus problemas jurídicos*, Conferencia pronunciada en la Academia Matritense del Notariado el día 31 de enero de 1950, (Madrid, 1954).

PIRENNE, H., *Histoire des institutions et du droit privé de l'ancienne Egypte*, III, (Bruselas, 1935).

PITZORNO B., *L'adozione privata*, (Perugia, 1914).

PLANITZ, H. *Principios de Derecho Privado germánico*, (Barcelona, 1957).

POLACO, C., «Adozione», *RTDPC*, 1950, p. 788.

PROTETTI, F., *Commentario teorico-practico al Codice civile, Libro 1 delle persone e della famiglia*, Arts. 23 1-234/28, (Roma, 1972).

PUIG BRUTAU, J., *Fundamentos de Derecho Civil. Filiación. Patria Potestad. Adopción. Alimentos. Tutela*, Tomo IV, Vol. II, (Barcelona, 1959).

PREVOST, M. H., *Les adoptions politiques à Rome sous la République et le Principat*, (París, 1940).

REDACCIÓN, «Thinx», *NDI*, XVI, p. 2., p. 189.

RESINA SOLA, P., *El estudio del Derecho de Familia a través de la doctrina romanística española* (1940-2000).

RICCOBONO, *Cristianessimo e diritto privato*, R.D.C., 1911, p. 36.

— *Id.*, *Fassi e fattori della evoluzione del diritto romano*, Melán ges Cornil, 2.

— *Id.*, «Punti di vista critici e riconstruttuvi», en *Annali Palermo*, 12, (1928), p. 500

— *Id.*, *Scritti di diritto romano*, 1, (Palermo, 1957).

RODRÍGUEZ-ADRADOS, F., *El sistema gentilicio decimal de los indoeuropeos occidentales,* Manuales y anejos de Emérita, VII, (Madrid, 1948).

RODRÍGUEZ-CARRETERO, *La persona adoptada,* (Madrid, 1973).

RODRÍGUEZ ENNES, L., *Bases Jurídico-Culturales de la Institución Adoptiva*, (Santiago de Compostela, Santiago de Compostela, 1978).

— *Id.*, *La adopción: Bases para una normativa vigente en España a partir de la experiencia histórica y del derecho comparado*, Universidad de Santiago de Compostela, (Santiago de Compostela, 1975).

— *Id.*, «La intervención judicial en materia de adopción a partir de la ley de 1987», en LÓPEZ-ROSA, R., Y DEL PINO-TOSCANO, F., *El Derecho de familia. De Roma al derecho actual*, Ed. Universidad de Huelva, Huelva, 2004.

— *Id.*, «La adopción romana: continuidad y discontinuidad de un modelo», en *Dereito* 1, (2009).

PERIÑÁN GÓMEZ, B (COORD.), *Derecho, persona y ciudadanía. Una experiencia jurídica comparada*, (Madrid, 2010).

POUND R., *The Spirit of the Common Law*, (Universtity of Nebraska, 1921).

RODRÍGUEZ NEILA, J.F., Y MELCHOR GIL, E., (Eds.), *Poder central y autonomía municipal: la proyección pública de las élites romanas de occidente,* (Córdoba, 2006).

ROMANO, A., «"Tollere liberos": uomo, donna e potere», en *Sodalitas, Scritti A. Guarino*, II, Jovene E., (Napoles, 1984).

ROUSSEL, P. *Isée Discours,* (Paris, 1922).

— *Id.*, «La famille athénienne», *Lettres d'Humanité,* IX, (1950), pp. 6.

RUGGIERO, R.-MAROI, F., *Istituzioni di Diritto civile,* 1, (Milán, 1961).

RUPERTO, «Adozione (Diritto civile)», *ED*, 1, 1958, p. 586.

Russo Ruggeri, C., *La datio in adoptionem, I, Origine, regime giuridico e riflessi politicosociali in età repubblicana ed imperiale*, (Milán, 1990).

— *Id.*, *La datio in adoptionem, II, Dalla pretesa influenza elleno-cristiana alla reforma giustinianea*, (Milán, 1995).

Saller, R., «I rapporti di parentela e l'organizzazione familiare», (Parma,1989).

Sánchez-Albornoz, C., *España, un enigma histórico*, 2 vols., (Buenos Aires, 1971).

Salvi, C. «Adozione (Diritto civile)», *NNDI*, 1, p. 292.

San Nicolo, U., *Ueber adoption and de gerischtsbarkeit der mâr-bâni im neubabilonischen. Recht,* en ZSS, L, 1930.

Santoro-Passarelli, L., *L'autonomia dei privati nel diritto dell'ecOnomia Dir. econ.,* (Roma, 1956), p. 1.220.

Scheftelowitz, J., *Dic Leviratsche, Archiv. für Religionswiss.,* XVIII, 1915, pp. 250 y ss.

Schulten. A., *Comentarios a las Fontes Hispaniae Antiquae,* tomos 1-1 V, (Barcelona, 1922-1940).

— *Id.*, *Los cántabros y astures y su guerra con Roma,* (Madrid, 1943).

— *Id.*, *Numantia,* 1, (Munich, 1914).

Schultz, F., *Classical Roman Law,* Oxford, 1951. *Derecho romano clásico,* trad. de José Santa Cruz Teijeiro, (Barcelona, 1960).

Schupfer, C., «L'adozione privata. Dal mondo dei sogni», en *RISG*, (Milán,1915).

— *Id.*, *La legge di Hammurabi re di Babilonia e il diritto babilonese nei seccoli de la prima dinastia a. 2225-1926 an. C.,* (Roma, 1922).

Siber, H., *Rómisches Recht in Grundzugen 1 ür die Vorlessung,* II, *Rómisches Privatrecht,* (Berlín, 1938).

SOLAZZI, S., *Scritti di diritto romano,* 1, (1955), II (1957).

— *Id.*, «Studi romanistici, II, C. Th., 5.9.1 e l'esposizione degli infanti», *RISG,* 1949, III, 14.

SOLMI, A., «Afjratellamento», *NDI*, I.

— *Id.*, *Le associazione in Italia avanti le origine dei Commune. Studio di storia economica e giuridica,* (Módena, 1898).

STARCKE, C.N., *La familia en las diferentes sociedades,* trad. por Leopoldo PALACIOS, (Madrid, s.f).

STOJCEVIC, D., *Gens, consortium, familia, Studi Volterra,* I, (Milán, 1971), p. 425.

STOLFI, N. Y F. *li nuovo Códice civile commentato Libro 1 delle persone,* (Nápoles, 1941).

SUÁREZ BLÁZQUEZ, G. «Naturaleza jurídica híbrida de la familia romana». *Revista General de Derecho Romano,* ISSN-e 1697-3046, N.º 21, 2013.

— *Id.* «La patria potestad en el derecho romano y en el derecho altomedieval visigodo». *Revista de estudios histórico-jurídicos,* ISSN 0716-5455, N.º 36, 2014, págs. 159-187.

— *Id.* «Perspectivas jurídicas romanas de "Cy-préss"en la órbita del "stare decisis" del "Common Law" Angloamericano"», *Anuario de historia del derecho español,* n. 87, 2017, pp. 333-377.

— *Id.* «Parámetros Históricos y Jurídicos, Romanos y Medievales, para la Protección Universal de los Recursos Naturales», *Anuario de historia del derecho español,* n. 90, 2020, pp. 9-45.

— *Id.* «Antecedentes históricos y jurídicos romanos de la economía global», *Revista General de Derecho Romano,* ISSN-e 1697-3046, n. 36, 2021, pp. 1-28.

— *Id.* «Régimen jurídico romano-visigodo del suelo (dominio - posesión - comunidad de bienes - superficie) y su encuentro feudal con gewere y seisin (s. V d.C. - S. XIII d.C.)», *Revista de Estudios Histórico-Jurídicos,* n. 43, 2021, págs. 411-435.

— *Id.* «Patriarcado- Gobierno Público, Mujer Romana», *Revista General de Derecho Romano*, n. 38, 2022, pp. 1-34.

— *Id.* «Patriarcado - Gobierno público - Mujer romana», *Contribuciones al estudio de las acciones populares en el marco del derecho administrativo, fiscal, penal y civil romano* / Juan Antonio **Bueno Delgado** (dir.), María **Etelvina de las Casas León** (dir.), Vol. 1, Tomo 1, 2022 (Derecho Público), ISBN 978-84-1122-806-0, pp. 471-502

— *Id.* «De la res publica romana a la personalidad jurídica corporativa romano-cristiana abstrata del «Rey - Reino» visigodo», *Anuario de História del Derecho Español*, (2022), pp. 9-46. n. XCII.

— *Id.* «Conubium: centinela estatal internacional del matrimonio mixto», *Revista General de Derecho Romano*, n. 41, (2023), pp. 1-36.

— *Id.* «Dos avances jurídicos importantes de la civilización romana, en materia de obligación», *RIDROM*: Revista Internacional de Derecho Romano, Núm. 31, (2023), pp. 243-295

— *Id.* «La emancipación jurídica privada de la mujer romana: un antecedente histórico de «liberación de género»»», *RIDROM*: Revista Internacional de Derecho Romano, n. 30, (2023) pp. 387-445.

— *Id.* «La posesión y las leyes de la naturaleza en la civilización romana clásica», *Revista de la Facultad de Derecho de México*, Vol. 73, n. 286, (2023) pp. 413-444.

— *Id.* «Trata, Abuso y explotación familiar de la infancia: desde el derecho romano al derecho medieval de España», *Revista General de Derecho Romano*, n. 40 (2023), pp. 1-38.

STUTZ, M., *Lekend und Pfrunde*, 225, XX.

SUMNER-MAINE, H., *Ancien droit et coutume Primitive*, trad. franc., (París, 1880).

— *Id.*, *L'ancien droit,* trad. franc., (París, s.f).

TAMASSIA, G., *L'affratellamento*, Studio st arico giuridico, (Turín, 1886).

TAUBENSCHLAG, R. *The Law of Greco-Roman Egypt in the Light of the Papyri*, (Varsovia, 1955).

TORRENT, A., «La "adrogatlo" en el sistema de las sucesiones universales "inter vivos"», *RIDA*, 14 (1967).

TORRES LÓPEZ, M., *Lecciones de Historia del Derecho español*, vol. 1, 2. ed., (Salamanca, 1935).

TRIFONE, R., *La persona e le classi sociali nella storia del Dirltto italiano*, (Nápoles, 1933).

TROPLONG, R. T., *L'Influence du christianisme sur le droit civil des Romains*, (París, 1843).

TYLOR, E. B., «On a Method of Investigating the Deveiopment of Institutions; Applied to Laws of Marríage and Descent», en *The Journal of the Antropolagical Institute of Great Britain and Irelan*. d, 1, XVIII, (1889), pp. 245-272.

VALDEAVELLANO, L., «Recesión a BRAGA CRUZ», *AHDE*, 14, (1942-43). Id., *AHDE*, 9, (1932).

VAZ FERREIRA, E., *La legitimación adoptiva*, (Montevideo, 1961).

— *Id.*, «La legitimación adoptiva» en *RCJS*, (Santa Fé, 1959) n.º 98-99.

— *Id.*, «La legitimation adoptive en France et en Uruguay», *RIDC*, (París, 1954), n.º 1

VIOLLET, P., *Histoire du Droit Civil français accompagne de notions de Droit Cannonique et d'indications bibliogra fiques*, (París, 1905).

VISMARA, G., «Adozione, Diritto intermedio», *ED*, 1.

— *Id.*, «La succesione voluntaria nelle leggi barbariche, Studi Solmi»*, II.

VISMARD, M., *L'adoption*, (París, 1968).

— *Id.*, *Traité théorique et practique de l'adoptian et de la legitimation adoptive* (París, 1951).

VOIGTLÄNDER, *Der Israelitische Levirat. Eine rechsthistorische Studie,* (Leipzig, 1924).

VOLTERRA, «Adrogatio», *NNDI,* 1, 1957.

— *Id., Diritto di famiglia,* (Bolonia, 1946).

— *Id.,* «Ii pretesso tribunale doméstico in Diritto romano», *RISG,* 2 (1948), p. 103.

— *Id.,* «L'adozione testamentaria e una inscrizione latina e neo púnica della Tripolitania», *RAL,* VIII, fasc. 3-4 (1952).

— *Id.,* «La 1. 7. C. de her. inst. 6, 24 e due documenti di Susa recentemente Scøperti», *BIDR,* 12, 41 (1933).

— *Id.,* «Sui mores della familia romana», *RAL,* 8 (1952).

— *Id.,* «Sulla capacitá della donne a lar testamento», *BIDR,* 1942, XLVIII.

— *Id., Diritto romano e Dirittt orlentali,* (Bolonia, 1937).

WATSON, A., *The Late of Persons in Later Roman Republic,* (Oxford, 1967).

WIEACKER, F., «Zum ritual der adoptio», en *Eos.* XLVIII, 1, Ossolineum, (Vratislava, 1956).